AF388705

HISTOIRE
DES
MEDAILLES,

Qu'on a frappées comme autant de monumens des exploits Glorieux, que les Armes des Alliés ont fait éclater dans les Campagnes de mil sept cent huit & mil sept cent neuf avec des reflections sur les Medailles frappées en France contre les Alliés, & sur d'autres monumens publiques dressées à l'honneur & à la gloire de ce Monarque.

Enrichie de figures

Par

NICOLAS CHEVALIER.

A UTRECHT,

Chés l'Auteur où l'on trouve toutes sortes de Medailles modernes à vendre. MDCCXI.

A SON
ALTESSE SERENISSIME
JEAN GUILLAUME FRISO
PRINCE DE NASSAU,

Comte de Catzenellebogen, de Vianden, de Dietz, de Spiegelberg, Seigneur de Bielstein, Baron de Liesveld, Stadhouder Hereditaire & Capitaine Général de Frise, de Groningue, & des Ommelandes. &c. &c. &c.

MONSEIGNEUR,

J'Entreprens de décrire les dernieres Campagnes où nos Généraux se sont distingués par leurs Vertus militaires, où nos troupes ont fait paroître leur intrepidité, où les armes des Alliés se sont renduës rédoutables à nos ennemis, & où VOTRE ALTESSE SERENISSIME a donné des marques éclatantes de son courage & de son zêle pour l'interêt de l'Etat: & comme ma Relation est un simple recit de vos actions heroïques, il me semble qu'elle vous appartient à juste titre, & qu'il est de mon devoir de consacrer mon ouvrage à VOTRE ALTESSE SERENISSIME.

J'ai tout lieu d'esperer, Monseigneur, que Vous le recevrés favorablement, & quoique VOTRE ALTESSE soit insensible à la douceur des louanges les plus justes & les plus moderées, je ne crains pas pourtant de blesser Vôtre modestie, en retraçant dans le public Vôtre valeur universellement réconnuë dans nos Armées: ceux qui sont les plus jaloux de Vôtre Gloire ont été forcés d'avoüer que Vous commencés par où les autres finissent, que Vos coups d'essais étoient autant de chef d'œuvres, & que dans la fleur de Vôtre âge, vous aviés la capacité & l'experience d'un vieux Général.

Nos Généraux mêmes qui ont été les temoins de Vôtre valeur, ont rendu justice à vôtre merite. Ils ont admiré dans VOTRE ALTESSE SERENISSIME une hardiesse sage & reglée, qui s'anime à la vüe des ennemis, qui dans le peril le plus éminent inspire de la valeur & de la confiance aux soldats par son exemple, qui entreprend des choses difficiles, & ne tente pas impossibles, & qui est prêt à mourir dans le victoire en accomplissant ses devoirs, c'est ce qu'ont éprouvé nos ennemis, à qui vous avés fait

*

re-

reſſentir les effets de Vôtre valeur. N'a-t-on pas vû VOTRE ALTES-
SE SERENISSIME à la bataille d'Oudenarde déconcerter les François par ſa vigilance, le attaquer avec vigueur, les combattre avec intrepidité, les mettre en déſordre & en confuſion, les répouſſer avec violence,
les obliger de Vous ceder la place qu'ils occupoient, & n'eût été la nuit qui
les couvroit de ſes tenebres les plus épaiſſes, leur défaite auroit été toute en-
tiere: Mais dans le temps que nous voyions avec joye éclater vôtre courage;
dans ce temps que nous faſſions des vœux pour Vôtre conſervation, nous pen-
ſâmes vous perdre! un coup fatal emporta la tête d'un de Vos domeſtiques,
& le ſang en rejallit juſque ſur VOTRE ALTESSE; mais Dieu qui
veille toûjours à la conduite de ſes plus nobles images, vous délivra de ce
danger, & vous réſerva pour faire paroître dans une autre occaſion de marques de Vôtre fermeté pour l'interêt de la Cauſe Commune.

Je parle Monſeigneur de la battaille de Malplaquet, où les ennemis a-
voient des retranchemens inacceſſibles. On n'ôſoit preſque les attaquer ſitôt
que les ſoldats s'avançoient, ils étoient renverſés. On craignoit que la frayeur
ne ſe mit dans nôtre Armée; mais la préſence de VOTRE ALTESSE
rend les ſoldats fermes & intrepides: ſitôt qu'elle parle chacun écoute ſes o-
racles; ſitôt qu'elle commande, chacun ſuit ſes ordres avec plaiſir; ſitôt
qu'elle marche pour planter l'étendart, chacun veut courir avec elle à la
gloire. Ils ne trouvent point d'obſtacles qu'ils ne ſurmontent, point de difficultés, qu'ils ne vainquent, point de perils, qu'ils n'affrontent point d'entrepriſes qui les rebutent! Eh comment auroient ils été intimides en voyant un
Chef qui affrontoit les dangers & qui ſacrifioit ſa vie même, ayant eû deux
chevaux tués ſous luy, & quelques uns de ſes Gentilshommes bleſſés à ſes côtés.
Vôtre courage Monſeigneur fut ſi grand que les ennemis furent obligés de ſe
rétirer avec deligence, & nous ceder la victoire.

Je ne dis rien, Monſeigneur, des Places que vous avés vigoureuſement
attaquées, des Villes que vous avés conquiſes par Vôtre valeur, des combats
que vous avés ſoutenus avec tant de fermeté, & des autres actions heroïques
que vous avés fait éclater. Je laiſſe a une plume plus éloquente que le mienne à faire le recit de tous Vos exploits. Je me contente Monſeigneur, d'a-
voir ébauché Vôtre portrait, pour vous faire connoître avec quel Zele, a-
vec qu'elle paſſion & avec quel reſpect je ſuis,

MONSEIGNEUR,

DE VOTRE ALTESSE SERENISSIME

Le très humble & très obéiſſant ſerviteur.

NICOLAS CHEVALIER.

RELATION

DES

CAMPAGNES

de mil ſept cent huiĉt & neuf, avec une explication
de toutes les Medailles qu'on a frappées
ſur ce ſujet.

Monſieur,

J'aurois ſatisfait avec plaiſir à la demande que vous
me fîtes de vous envoyer une deſcription éxaĉte de
toutes les, Medailles qui ont été frappées pour les
Campagnes de cept cent huiĉt, & neuf. J'ai fort balance à me determiner, ne me ſentant pas beaucoup
diſpoſé à faire une longue relation, qui ne pourroit
être qu'ennuyeuſe. Pour éviter la longueur, j'ai
taché d'abreger, & de dire en peu de mots tout ce
qui s'eſt paſſé de plus important : & comme vous avés la curioſité de
voir ce que j'ai fait, & ce que j'ai recüeilli dans mon Cabinet de Medailles, je veux bien vous contenter ſur ce ſujet. La grace que je vous
demande, c'eſt de ne point éxaminer ma relation avec rigueur, mais de
conſiderer ſeulement le zele & l'affeĉtion que j'ai pour la Patrie.

Je ne puis mieux entrer dans mon deſſein, qu'en rappellant dans vôtre mémoire, ce qui s'eſt paſſé au commencement de l'année, de 1708
au ſujet de l'union des deux Royaumes d'Angleterre & d'Ecoſſe! union
d'où dépendoit le repos & la tranquillité qu'on voit regner parmi les
peuples! union que tant de Rois ont tentée ſans avoir pû réüſſir dans
leurs deſſeins! union qui s'eſt formée par la conduite ſage & prudente
de La Reine de la Grande Bretagne, & qui rendra, ſon Auguſte nom

A

im-

immortel dans tous les ſiecles. J'ai frappe ſur ce ſujet cette Medaille, d'un côté ſe voit le buſte de la Reine avec la Legende ordinaire.

ANNA D. G. MAG BR. FR. ET HIB. REGINA.

Anne par la Grace de Dieu Reine de la Grande Bretagne, de France, & d'Irlande.

R E V E R S.

Vous trouvés ces vers latins, au deſſus, on voit deux branches de laurier, qui marquent la gloire que ſa Majeſté s'eſt aquiſe de cet heureux ſuccés. Au deſſous paroiſſent deux palmes, qui font voir le deſir que ſa Majeſté a fait paroître, afin que cette Union ſoit ferme, & durable pour le bien de ſes ſujets, qu'il ne ſoient enſemble qu'un même cœur, & qu'ils ſoient à l'épreuve de toutes les tempêtes. Voici ces vers

ANNA EN HÆC ILLA EST, GALLOS DEPONERE FASTUM
  QUÆ DOCET, ILLA TUUM EST TERRA BRITANNA JUBAR,
AUGUSTIS MAJOR PROAVIS, TOT REGIBUS ANTE
  FRUSTRA TENTATUM QUÆ SUPERAVIT OPUS.
FATALEM VALUIT MACEDO VI SOLVERE NODUM,
  ARTIBUS AT PLACIDIS HÆC DUO REGNA LIGAT.

Ces vers conviennent fort bien au temps preſent en voici a peu prés le ſens.

C'eſt ici l'Illuſtre Anne, qui ſait abbaiſſer l'orgüeil des François, & qui eſt la gloire & l'ornement de la Grande Bretagne, en ceci plus grande que ſes Auguſtes Prédeceſſeurs, puis qu'elle eſt vénüe à bout d'un ouvrage que tant

de

de Rois avant elle ont entrepris inutilement, & que comme un autre Alexandre, elle a eu l'adresse & l'habilité, de rompre le nœud Gordien, & d'unir ainsi deux Royaumes ensemble par le voyes de la douceur.

La seconde Medaille que j'ai frappée, est sur l'expedition que la France a voulu faire avec le pretendu Prince de Galle. L'on voit d'un côté le Buste de sa Majesté avec cette Legende.

ANNA D. G. MAG. BR. FR. ET. HIB. REGINA.

Anne par la Grace de Dieu Reine de la Grande Bretagne, de France, & d'Irlande.

R E V E R S.

On void la Reine sur un char de Neptune, dardant son Tridant sur deux Monstres marins, qui ont une fleur de Lys sur leurs têtes, qui nous marquent la France & le pretendu Prince de Galle, qui a voulu dechainer les forces de mer & de terre du Roi de France contre cette Grande Reine, comme Junon sollicita Eole à dechainer ses vents contre la flotte d'Enée, le pernicieux dessein du Roi de France a échoüé par la vigilance de cette Grande Reine, & par le courage heroïque de son Parlement, par la fidélité inviolable de ses sujets, & par la droiture de sa cause; mais Dieu soutiendra toûjours cette justice qui lui appartient. Telle est la devise que ses ennemis ont voulu prendre sur leurs drapeaux, *Dieu est mon droit*, comme aussi celle ci, *nihil desperandum Christo Duce, & auspice Deo, cui venti, & mare obediunt. Impera Domine, & fac tranquillitatem.*

A 2

C'est

C'eſt à dire : *On a lieu de tout eſperer quand on a Chriſt pour Guide, & qu'on marche ſous les auſpices de Dieu, à qui les vents & la mer, obeïſſent. Commande Seigneur, & rend la mer calme.*

Ces paroles ſont belles, quand la cauſe eſt juſte, mais Dieu ne peut être le guide des Uſurpateurs. C'eſt lui qui conduit cette Grande Reine, qui a rüiné l'entrepriſe de ſes ennemis, par la vigilance de ſon Amiral Bings, qui ayant apperçû comme Neptune, que la mer ſe troubloit juſqu'au fond, paroît ſur la ſurface de la mer, pourſuivant & chaſſant les Vaiſſeaux François juſques dans leurs ports, comme Eole fut contraint de ſe cacher, dans ſes grottes profondes. *Dans l'exergue on lit ces vers,*

MATURATE FUGAM, REGIQUE HÆC DICITE VESTRO. NON ILLI IMPERIUM PELAGI, (SÆVUMQUE TRIDENTEM) SED MIHI SORTE DATUM.

C'eſt à dire, *dépêché vous,* (Fourbin) *& allés dire à vôtre Roi, que ce n'eſt point à lui qui appartient l'empire de la mer, mais qu'il vient de droit à la Reine Anne.* Ce qui nous fait fort bien entendre, que cette Grande Reine n'a pas uſurpé cet Empire, mais qu'il lui a été donné par ſa naiſſance & par ſes peuples. C'eſt donc en vain que le Roi de France ſe vante d'être le maître de la mer, & qu'il pretend uſurper ce beau Tître, comme Eole pretendoit avoir quelque autorité ſur cet element. Il eſt bien vrai, que le Roi de France a voulu jetter l'épouvante ſur la mer d'Eſpagne, comme autrefois Eole excita des tempêtes ſur la mer de Sicile : mais dez que la flotte de cette Grande Reine a paru, celle de France s'eſt retirée avec confuſion dans ſes ports , comme les vents qu'Eole avoit excités, furent obligés de ſe cacher dans leurs grottes, ſi tôt que Neptune ſe fit voir ſur les ondes; Cette troiſiême Medaille a été frappée ſur le même ſujet. D'un côté l'on voit le buſte de cette Grande Reine avec la Legende ordinaire.

ANNA. D. G. MAG. BR. FR. ET HIB. REGINA

Anne par le grace de Dieu, Reine de la Grande Bretagne, de France, & d'Irlande.

R E V E R S.

On void les deux Flottes, celle de France qui fuit deſſus les côtes d'Ecoſſe. Celle d'Angleterre qui lui donne la chaſſe, autour on lit

FUGERE, NON FALLERE, TRIUMPHUS.

C'eſt à dire, *c'eſt un triomphe de fuir, & non pas de tromper. Dans l'exergue, on lit ces autres paroles.*

GALLORUM CONATUS IN SCOTIAM, ANNÆ

M. VIGILANTIA ELUSI CIƆIƆCCIIX.

C'eſt à dire, *les entrépriſes des Fraçois ſur l'Ecoſſe échoüés, par la Vigilance d'Anne, Reine de la Grandè Bretagne. Dans le cercle exterieur de la Medaille ſe lit,*

SIC PUERI NASUM RHINOCEROTIS HABENT,

Qui veut dire *que les François ont entrepris ceſte Expedition, comme des Enfans qui en reçoivent un nez de Rhinoceros.*

La quatrième eſt encore frappée a Nuremberg par Mr. Caſpar Theophile Lauffer, Eſſayeur General de la Monoye la Reine paroît en buſte avec la Legende ordinaire,

ANNA D. G. MAG. BR. FR. ET HIB. REGINA,

Anne par la grace de Dieu Reine de la Grande Bretagne, de France, & d'Irlande.

R E V E R S.

Vous voyez l'Angleterre repreſenté de ſous la figure d'une femme,
qui donne a flairér une roſe à un ane, pour l'empêcher de manger
un chardon, qui fait alluſion aux armes d'Ecoſſe. l'Autheur de la Medaille nous veut faire entendre, que l'ont dit d'ordinairement que le
Roi de France eſt le Roi des anes; de ſorte que ſous cet ane ſont enten-
du les François envoyez a la belle Expedition d'Ecoſſe pour paturer
des chardons qui eſt la pature ordinaire des anes, après quoy il ſont fort
friands, la Roſe au contraire leur eſt deſagreable à un telle point, qu'ils
n'en peuvent ſupporter l'odeur. C'eſt pour cela que l'ane, qui eſt repreſentée dans la Medaille, montre beaucoup d'averſion pour la Roſe qui
lui eſt preſentée, que ſans la frapper elle s'en fuit, ce qui fait alluſion a
la flotte d'Angleterre, qui a donné la chaſſe a celle de France qui
fuit a la vuë, comme l'ane a l'odeur de la Roſe, *au tour on lit,*
INIMICUS ODOR APPETITI FORTIOR.
Ce qui veut dire, *que l'odeur deſagreable reprime ſon apetit d'entater*
ſur le cercle exterieur de la Medaille on lit,
INFELIX OPERAM PERDAS, UT SI QUIS
ASELLUM IN CAMPUM DOCEAT, HOR.
SERM. L. I.
Ce qui nous fait comprendre, que *toutes les peines que ce monarque ſe*
donne

dònne sont aussi inutiles, que si vouloit apprendre une ané a faire l'exercice
d'un cheval d'armes.

C'est pourquoi nous pouvons dire ici avec raison, FAVENT
EXORDIA BELLI. Que le commencement de la Campagne
nous ayant été favorable, ç'a été un bon augure pour la suitte, comme nous avons vû par la bataille d'Oudenarde, dont nous ferons une
courte relation ; que vous trouverés plus étendüe dans d'autres journaux : quand Mylord Marlborough eût appris que les François avoient
surpris Gand, & qu'ils marchoient pour faire d'autres expeditions, par
les correspondances qu'ils avoient dans plusieurs places, & qu'ils faisoient rompre tous les ponts, pour nous ôter toute communication, il
fit marcher nôtre armée pour faire une tentative, afin d'engager les
ennemis au combat. Il n'y avoit qu'une riviére entre les deux armées ;
mais ils vouloient profiter de l'avance qu'ils avoient sur nous : de sorte
qu'on ne pouvoit pas les forcer. Ce n'étoit pas aussi leur dessein, car
le Duc de Marlborough fit encore une tentative, en detâchant le Major General Schulembourg avec dix Escadrons & six Bataillons pour
les harceler : mais pour éviter le combat, ils poussèrent leur marche
avec précipitation, marchant depuis le matin jusqu'au soir, aimant
mieux laisser charger leur arriéregarde, & en lever une grande partie
de leur Bagage, que de s'arrêter. Ils passèrent le *Denre* au dessus de
Ninove sur six ponts qu'ils y avoient fait dresser par avance, & furent
campéz entre *Alost* & *Ordighem*, laissant un corps de 6000 hommes
sur le bord de la Riviére. Nous leur prîmes en ce rencontre 300 Soldats de leur arriéregarde, 300 chariots, 300 mulets du Bagage de
Mr. le Duc de Bourgogne, dont la plus part étoient chargées de vais-
selle d'argent. L'armée des Alliés campa ce soir là auprès d'*Afshe*, &
& y séjourna le lendemain, sans tenter le passage du *Denre* ; parceque tous nos ponts étoient rompus. Le 7 le Prince Eugene arriva au
Camp, accompagné de Mr. le Major Cadogan, qui étoit allé recevoir & le complimenter de la part de Mylord Marlborough. Le 9 on
tint un conseil de guerre, où il fut resolu de faire les derniers efforts
pour obliger l'ennemi à une bataille. Le Duc de Marlborough détâcha le Major General Rantzau avec huit Bataillons & huit Escadrons, avec six pieces de Canon, & tous les Pontons, pour prendre
les devans, & pour s'assûrer d'un passage sur le *Denre*. La nuit suivante,

te, l'armée fe mit en marche fur quatre colomnes, & arriva fur les deux heures après midi à *Harfelingen*, où elle fit halte. Le foir a fept heures on battit la retraitte, mais ce fut un fignal pour partir, & non pas pour fe répofer. L'armée fe mit en marche un moment après vers *Leffines*, & y paffa le *Denre*, le 10 fans aucune oppofition delà part des ennemis. Ils avoient bien fait un mouvement la nuit du 9 au 10 de leur camp d'*Aloft* vers *Ninove*, apparemment dans le deffein de venir troubler ce paffage : mais après deux heures de marches, ils rebrouffèrent chemin & prirent la route de *Gavre*, jugeant qu'ayant déja une marche fur nous, ils feroient beaucoup mieux d'en profiter, pour paffer l'Efcaut les premiers, après quoi ils feroient les maîtres, ou de fe pofter devant *Oudenarde* pour les arrefter là, ou de paffer *Gand*, & parla d'éviter une bataille, qui étoit leur principale but. Nos Généraux connûrent bien leur deffein, & jugeant qu'il n'y avoit que la grande diligence qui en pouvoit empêcher l'éxécution, il fut réfolu, que non obftant la fatigue des deux precedentes marches, on pousseroit fans s'arrêter vers *Oudenarde*, & que l'on tâcheroit de paffer l'Efcaut en même temps que les ennemis. Ainfi le lendemain on détâcha les Majors Généraux Cadogan & Randzau, avec feize Bataillons & trente Efcadrons, pour aller jetter des ponts fur la Riviére, & en affûrer le paffage, à huit heures toute l'armée fuivit, faifant de très grandes marches. Ce fut une chofe admirable de voir l'ardeur avec laquelle nos foldats qui étoient fi fatigués par les penibles marches qu'ils avoient fait, jour & nuit, fe hâtoient avec tant d'emulation. l'Infanterie & la Cavalerie Angloife, les Hollandois & les étrangers, tous couroient au combat avec empreffement ; & leur inquietude étoit de n'arriver pas affès tôt. Les ennemis fe flattoient de pouvoir éxécuter leurs deffeins. Les Efpions les avoient affûrès, que nous avions paffé la nuit à *Leffines*, comme en effet il étoit vrai ; & fur ce fondement ils comptoient bien d'être avant nous au delà de l'Efcaut, & de prendre enfuite les méfures qui leur feroient plus convenables : mais les Majors Généraux Cadogan & Randzau firent une fi grande diligence, qu'ils furent trompés dans leurs attentes, car ils firent applanir les chemins, travailler aux ponts pour faire paffer l'armée, & paffer eux mêmes la Riviere avec leur détachement, & prirent pofte dans une grande & belle plaine qui fe trouve de l'autre côté d'*Oudenarde*. Les ennemis qui avoient déja

dirigé

dirigé leur marche vers *Gand*, furent extrememement furpris en apprenant que nous avions déja des troupes au de là de l'Efcaut. Ils craignirent d'être chargés en queüe, & pour s'en garantir, ils jetterent quatre battaillons dans le Village de *Heurne*, & dans celui de *Beveren*. Il étoit environ midi, qu'on les vit foutenus de 20 ou 30 Efcadrons qui étoient rangés fous leur Canon dans la plaine. Monfieur de Cadogan fut d'abord les reconnoître; & voyant par leur contenance qu'il n'y avoit point de temps à perdre, qu'il ne falloit point laiffer échapper une fi belle occafion, il réfolut de les attaquer, pour les engager au combat, quoique le gros de l'Armée ne fut pas encore à portée de le foutenir, fon entréprife eût un fuccés fi heureux, qu'en moins d'une demie heure, il les força dans leurs rétranchements, en tua un grand nombre, & fit prefque tout le refte prifonniers, avec le Brigardier *Phiffer* qui les commandoit fous le Lieutenant General de *Biron*. Mr. De Rantzau attaqua auffi les Efcadrons dont je viens de parler, & eût le bonheur de les renverfer, comme Monfieur de Cadogan avoit renverfé l'Infanterie. Nous primes en cette rencontre dix ou douze drapeaux & Etendarts, & fimes beaucoup de prifonniers. Mr. le Prince Electoral de Brunswich Lunebourg qui s'y rencontra, y donna des preuves éclatantes de fa valeur. Il mena lui-même un Efcadron au combat, & eût un cheval bleffé fous lui. Cette action produifit l'effet que Mr. Cadogan s'étoit propofé. Les ennemis s'appercevant qu'ils ne pouvoient éviter le combat, n'oferent continüer leur rétraitte, de crainte d'être pourfuivis avec confufion & perte. Ils furent obligés de prendre d'autres méfures pour entrer dans un fecond combat : au lieu de prendre leurs marches vers *Gand*, ils s'avancerent vers nous, fans attendre leur Artillerie qui venoit de cette Ville là. Ce parti leur étoit d'autant plus avantageux, qu'alors nôtre Armée n'étoit qu'à demi paffée, parce qu'on n'avoit pas encore achevé de jetter autant de ponts qu'il en étoit befoin. La feule droite compofée des troupes Angloifes etoit au delà de l'Efcaut; de forte qu'il nous fallut combattre, auant même d'être formés. Mr. le Duc de Marlboroug, & Mr. le Prince Eugene eûrent l'honneur de la premiére charge : Quoique Mylord Duc fut atteint d'une fievre Violente, & que Mr. le Prince Eugene lui eut confeillé d'avoir plus d'égard à fa fanté, fa maladie ne rallentit point fa valleur, & il repondit, que fi Dieu lui faifoit la grace de battre les ennemis, cela le

B

gueri-

gueriroit. Il eſt vrai qu'un Grand Capitaine, qui entend ſonner la charge, ne peut alors être oiſif. L'ennemi qui s'approche lui donne de l'é-
mulation a marcher à eux : Auſſi Mylord oublia qu'il étoit malade, il ne
ſongea qu'à ſe diſtinguer, & ſignaler ſon grand courage. On le voyoit en
courager ſes ſoldats ; & ce fut un bonheur pour eux d'avoir à leur tête
un ſi Grand Général; quoiqu'ils fuſſent inferieurs en nombre, le courage, l'experience & l'autorité de deux fameux Capitaines de lui & du
Prince Eugene les rendoit Superieurs aux ennemis. Les troupes Hol-
landoiſes combattants ſous les ordres de nôtre Illuſtre Velt-Marêchal,
marchoient avec une vîteſſe incroyable pour arriver à leurs poſtes,
& pour cuëillir leur part des lauriers de cette journée, à voir l'ardeur qui
les animoit on n'auroit point dit, que c'eſtoit des troupes fatiguées d'u-
ne ſi longue marche, & que le même jour il leur fallut faire cinq grandes lieües, on vid d'abord clairement, que Dieu même les avoit conduits,
& leur avoit donné des forces nouvelles pour combattre : car quoiqu'ils
fuſſent les dernieres à paſſer, & qu'elles ſe viſſent obligées de faire en
ſuitte un tres grand tour, pour ſe rendre à leurs poſtes, elles y arriverent pourtant deux heures aprés la premiére tête de l'armée, qui étoit
ſur les armes à trois heures. Le combat dans ce temps devint Général, & l'on fit de part & d'autre de tres grands efforts. Il y eut fort
peu de regimens exempts. Chacun eût ſa part de la gloire. Chacun
courût le même danger. Chacun donna des marques de ſon courage,
toutefois les uns plus que les autres. Les ennemis ſe battirent avec beaucoup des fermeté pendant une heure & demie. Ils occupoient un terrain avantageux tout coupé de hayes & de brouſſailles, qui ſervoient à
leur defenſe & ils étoient animés par la préſence de leurs Princes :
mais ils en furent enfin chaſſés par le courage intrepide de nos Généraux & de nos braves ſoldats. Mr. le Marechal d'Ouwerkerk détacha
deux Brigades d'Infanterie ſous le Major Général Week, & les Brigadiers Waſſenaer, & Naſſau Woudenberg, & les fit ſoutenir par quelques Cavallerie. Ces Brigades paſſerent à la gauche du chateau de *Broham*; & ayant pris les ennemis en flanc, leur firent perdre un peu de
terrain, & les obligerent de ſe retirer plus loin dans les hayes entre
Heyne & *Broham* là deſſus, Mr. le Prince de Naſſau Gouverneur de
Friſe, & le Général d'Oxenſtiern à la tête de vingt Battaillons paſſerent
les defilés qui étoient là, & furent les attaquer avec une vigueur incroyable,

incroyable. Le Prince de Frise donna des marques de son courage intrépide, & fit voir en son Illustre Personne, qu'il étoit sorti de la fa-
mille de Nassau. Le combat y fut fort opiniâtre, parce que cette Infanterie étoit soutenüe par la Cavalerie de la maison du Roi. Cependant la valeur de nos troupes força les François vers les sept heures.
Le détachement de Cavalerie s'étant avancé le long des hayes par derriére le village de *Heyne*, attaqua celle des ennemis par la gauche, pendant que nôtre Infanterie qui avoit aussi gagné le terrain, le faisoit par
la droite : De cette maniére, l'Infanterie ennemie, qui s'étoit rétirée
dans ces hayes, se trouva coupée, & contrainte pour la plus part de se
donner prisonniers. Ce fut là le commencement de nôtre victoire, car
nos soldats étant encouragés, pousserent tous les ennemis de haye en
haye, & de buisson en buisson, n'en epargnant aucun, tüant tous ceux
qui vouloient leur resister, faisant beaucoup de prisonniers, & obli-
geants plusieurs de prendre la fuitte. Le Duc de Vendôme ne pût arrêter ses troupes qui fuyoient, quoi qu'il fut lui-même à la teste pour tacher de les raillier, il eut beau les exhorter a rentrer dans les rangs,
il eut beau signaler son courage pour les r'animer, tout fut inutile : ny
ses exhortations, ny son'exemple, ne purent les rammener à leur devoir.
Cependant nos troupes voyant les François prendre l'allarme, s'avan-
coient à grands pas pour les combattre. Nos soldats auroient pû profiter de leur desordre, il ne tenoit qu'à eux d'en faire un carnage terrible : car les ennemis étoient tous rompus & en confusion, ils ne se de-
fendoient plus, ils mettoient les armes bas, aimant mieux se soumettre au Vainqueurs, que d'être taillés en pieces; & n'eût été la nuit, qui
leur vint bien a propos, qui les mit à couvert du danger, & qui les obligea la plus part de se retirer à Gand, ils auroient été tous défaits.
Mr. le Duc de Marlboroug, & M. le Prince Eugene de Savoye y pa-
rurent les mêmes qu'à *Hogstet*, c'est-à-dire, infatigables, presens à
tout pour donner leurs ordres. Mr. d'Ouwerkerk, qui commandoit la
gauche, eût l'avantage avec les troupes Hollandoises & les autres troupes de son Aîle, de forcer les ennemis, & de leur passer sur le ventre :
quoiqu'ils eussent à combattre la plus grande partie de la maison du Roi,
comme Gardes du Corps, Gendarmes, & Chevaux legers. Mr. le
Prince de Nassau Gouverneur héréditaire de Frise & Général de l'Infanterie de cet Etat, a surpassé dans cette Grande journée tout ce

B 2

qu'on

qu'on pouvoit attendre d'un Prince de fon âge. Je ne dis pas feulement à l'egard du courage qu'il y fit éclater, menant au feu les Battaillons d'une maniére intrépide, fe trouvant dans tous les endroits les plus perilleux, rifquant à tout moment de perdre la vie pour le bien de la patrie. On admiroit fa préfence d'efprit au milieu des dangers, fa prudence, lorfqu'il commandoit les troupes, fon intrépidité qui encourageoit les foldats, & les animoit à combattre. Les ennemis eurent dans ce combat environ 9000 tués, 6000 de bleffées & 7000 prifonniers fans conter les Officiers Généraux, & d'autres de remarque, en voici la lifte de cequi fut pris du côté de Mr. d'Ouwerkerk, M. Biron, Mr. Ruffey, Mr. de Firgeralt, Mr. de la Vierne, qui font Lieutenants Généraux, ou Marechaux de Camp, Marechal de logis Général de la Cavallerie, Mr. Phiffer Brigadier, Mr. le Baron de Couriere, Mr. de Crouy, Mr. le Chevalier de Bourriene, Mr. le Marquis d'Illiere, qui font tous Brigadiers & Capitaines Lieutenans des chevaux legers, de Berry, Mr. le Marquis de Maygny Capitaine Lieutenant de Gendarmerie, & Colonels. Mr. le Marquis de Seville Cornet de Gendarmerie & Colonel, Mr. le Marquis de Charnitz auffi Cornet & Colonel, Mr. le Marquis de Creffi de même, Mr. le Chevalier de Ligne enfeigne de Gendarmerie, & Colonel, Mr. le Marquis de Grave Cornet de Gendarmerie, & Colonel, M. de Marambach aide Major de Gendarmerie & Colonel, Mr. de Balabre Colonel de Dragons, Mr. le Duc de St. Aignan Colonel de Cavalerie, Mr. le Marquis de Charoft, Colonel de Cavalerie, Mr. de Dronhot Colonel de Cavallerie. Meffieurs Melon, le Chevalier de Lonville, de Moncy, Chambron, Frichard, Nuper Arquifia, D'aufiprié, tous Colonels. Le Marquis de Chapiteau Enfeigne des Gardes du Corps & Colonel. Un Major de Dragons, 17 Capitaines, 16 Lieutenans, 15 Cornettes, 13 Marêchaux de Logis, de Dragons, de Cavallerie, 4 Majors, 28 Capitaines, 26 Lieutenants, 18 Cornettes, & 25 Marêchaux de Logis. d'Infanterie, 3 Lieutenans Colonels ou Majors, 142 Capitaines, 102 Lieutenants, 72 Souflieutenants ou Enfeignes; de la maifon du Roi, 11 Marêchaux de Logis, 15 Brigadiers, 30 Gardes du Corps, 2 Moufquetaires, 9 Grenadiers a Cheval; 2 Gendarmes de la Garde, 107 Gendarmes de la Gendarmerie, 34 Etendarts, 25 Drapeaux, 5 Paires de Timbales & une demie. Nous n'avons perdu que 765 morts, tant Soldats que hauts Officiers, & 1700 Bleffés. Nous viendrons à l'explica-

plication des Medailles qu'on a frappées pour cette grande action. Dans
la premiére Medaille, que j'ay frappée pour cette Battaille d'*Oudenarde*,
d'un côté vous voyés le lion d'Hollande dans son jardin, qui tient d'une
de ses serres les sept fléches: ce qui nous fait entendre la bonne harmonie des sept Provinces; de l'autre, il tient une épée pour défendre ses
Provinces. Au tour on lit ces paroles,

NESCIUS FERRE JUGUM.

C'est à dire, *qu'il ne sçait ce que c'est de porter le joug.* Dans *l'exergue*
on y lit,

LIBERTAS PATRIÆ.

Ce qui nous fait entendre, *qu'il ne se bat que pour conserver la liberté
de la patrie.*

REVERS.

Vous voyés un foudre aîlé, avec ces mots qui sont autour.

VIS ET CELERITAS.

Ce qui nous fait entendre, que *c'est par la valeur & par la diligence,*
que les Alliés ont remporté la victoire. Dans *l'exergue*, on lit ces autres
paroles,

STRAGES GALLORUM PROPE
ALDENARDAM XI. JULY MDCCVIII.

Qui veulent dire, *la defaite des François à Oudenarde,* le 11. *Juillet.*
1708.

Voici encore une autre Medaille qui a été frappée en Allemagne.
D'un côté vous voyés les ennemis attachés à un trophée, où l'on void

 des

des étendarts, des drapeaux avec les armes de France, des timbales,
canons, & autres inftrumens militaires. La victoire montre ce trophée
du bout du doigt. Elle tient de l'autre main, un faiffeau de flêches avec
une branche de palmier, qui nous fait entendre la conftance & la fermeté de courage, que nos foldats ont fait paroître dans ce combat, & la
bonne Harmonie des Alliés. Au tour on lit cette Infcription.

HÆC SUNT SPOLIA DE REGE SUPERBO.

L'auteur a tiré ces paroles de virgile qui fignifient, que *ce font les de-*
pouilles d'un fuperbe Monarque. Dans *l'exergue* on lit ces mots,

FUROR GALLORUM FRACTUS.

C'eft à dire, que *par ce combat la fureur des François a été domptée.*

R E V E R S.

Vous voyés le Prince Eugene & Mylord Marlboroug, qui fe donnent la main, pour s'entre feliciter fur la victoire qu'ils ont remportée.
Ils tiennent dans leurs mains le Baton de commandement, ils foulent
à leurs pieds les ennemis vaincus. Au deffus fe void la victoire aîlée,
qui leur met une couronne fur la tête, elle a une autre couronne qui
pend à fon bras, pour la porter à nôtre Jeune heros le Prince de Fri-
fe, qui s'eft fignalé dans ce combat comme un fameux Capitaine. Au
tour on lit cette Infcription.

JUSTITIAQUE DEDIT GENTES FRENARE SUPERBAS. virg.

Ce vers eft auffi tiré de virgile : il nous donne à entendre, que *la*
juftice

justice de la cause pour la quelle les Alliéz ont combattu, leur a donnés un grand courage, qui a fait prendre à leurs ennemis le frein aux dents à la vûe de leur courage interpride. Dans *l'exergue,* on lit ces autres paroles.

STRAGES GALLORUM PROPE ALDERNARDAMII II. JULY. MDCCVIII.

C'est à dire, *les François defaits à Oudenarde le 11. Juillet 1708.*

Cette seconde Medaille & la précedente a été frappée à *Nuremberg,* par le célébre Monsieur Frederick Kleinert, Medaljeur (qui a vendu son font a Mr. Caspar Theophile Lauffer Essayeur General de la Monnoye) on n'a pas besoin d'estimer ses ouvrages, ils sont estimables par eux-mêmes, & font son eloge. D'un côté de cette Medaille paroissent à cheval Castor & Pollux, que les Anciens Romains tenoient pour des Dieux auxiliaires, croyant qu'ils avoient la puissance de rétablir les affaires les plus délabrées & les plus rüineuses. L'auteur de la Medaille nous veut faire entendre par là nos deux incomparables Heros, le Prince Eugene & le Duc de Marlboroug, qui ont remis les affaires dans le Païs-Bas en fort bon état, aussitôt qu'ils se sont unis ensemble. Ils paroissent dans une contenance, comme s'ils vouloient lancer leurs dards sur leurs ennemis. Au tour on lit cette Inscription.

SALUTARIUM SYDERUM APPARITIO.

C'est à dire, *qu'ils ont paru comme des astres favorables,* dans *l'exergue,* on lit ces autres paroles.

EUGENII ET MALBURGII FELIX CONJUNCTIO.

Qui signifient, que *la jonction du Prince Eugene & du Duc de Marlboroug a été heureuse.*

RE.

R E V E R S.

Vous voyés la ville d'*Oudenarde* en perspective, & au dessus on voit les Armées aux mains, & les François en déroute, & les Princes de France qui fuyent de devant leurs ennemis. Au tour on lit cette Inscription.

VANDOMIUS IN FLANDRIA, SICUT IN ITAL. EUMDEM FUGIT, ET UT FUGIENDUS DOCET.

Qui veut dire, que *le Duc de Vendôme fuit en Flandre devant celui la même qui la fait fuir en Italie, & apprend de quelle maniére on doit fuir:* car ce bon Duc est si malheureux, que ce n'est pas seulement au Duc d'Anjou qu'il a été obligé d'apprendre a fuir devant le Prince Eugene à Luzzara; mais il montre la même chose au Duc de Bourgogne, & au Duc de Berry, & au pretendu Prince de Galles à *Oudenarde*, Dans l'Exergue on lit ces autres paroles.

MULT. MILL. GALLORUM CLADES AD ALDENAR. D. XI. JUL. MDCCIIX.

Qui signifient, que *plusieurs milliers des François ont été defaits par les armes des Alliés prés d'Oudenarde.* L'onziéme du mois de *Juillet* 1708. on lit dans le cercle Exterieur de la Medaille ces mots d'horace Od. 7.

NIL DESPERANDUM TEUCRO DUCE ET AUSPICE TEUCRO HOR. OD. 7.

Ce qui nous fait fort bien comprendre, *qu'il ne faut jamais desesperer de rien sous le commandement de Teucre.* J'ay frappé cette autre Medaille pour l'action de *Wynendael*; mais au paravant nous vous ferons une petite rélation de cette action, qui est très glorieuse pour nous & honteuse pour les François. Ce combat se donna le 28 Septembre. 1708.

Monsieur le Duc de Vendôme ayant appris que l'on vouloit faire venir un Convoy d'*Ostende*, fit un détachement de Cavalerie & d'Infanterie, qui devoit être joint par la plus grande partie des troupes qui étoient sous les commandement de Mr. le Comte de la Motte, consistant en trente six Battaillons, & quarante Escadrons, ils devoient attaquer les nôtres, qui étoient composées de vingt-quatre Battaillons; outres cela, il falloit qu'il y eut dix Escadrons, mais il ne s'y trouve que cent-cinquante cheveaux, le reste de la Cavallerie ayant été Envoyeé à *Hoogleede*, pour y attendre le Convoy. Les cent-cinquante chevaux, qui restoient furent commandés par Mr. le Comte de Lottum, Capitaine

à

à nôtre fervice. Le dit Comte avoit été envoyé la nuit d'auparavant à Odenbourg pour porter un ordre à quinze cents hommes d'Infanterie qui y avoient pofte. Il revint à midi à *Jourout*, & rapporta que s'étant avancé vers *Jeteghen*, il avoit trouvé une avantgarde des ennemis qu'il avoit pouffée jufques fur la bruyére, où il avoit decouvert feize Efcadrons, qui étoient montés à cheval avec beaucoup de precipation ; fi bien qu'il avoit trouvé à propos d'en donner avis. Sur cette nouvelle, on fit marcher inceffamment toute l'Infanterie au nombre de vingt & deux Battaillons, & le Comte de Lottum avec cent-cinquante chevaux, qui faifoient l'avantgarde avec les Quartiers-maîtres & le refte des Grenadiers, qui n'étoient détachés qu'afin de gagner *Jeteghen* par le chemin de *Wynendale*. Lors que l'avantgarde y arriva, on commença à decouvrir les ennemis dans la Bruyére. Sur quoi l'on mit en Bataille les Grenadiers & les Quartiers-maîtres. Cependant Mr. le Général Webb, & Mr. le Comte de Naffau Woudenburgh, à la tête de ce qui fe trouva de Cavalerie, s'avancerent pour réconnoître les ennemis, aprés avoir donné ordre aux Regimens de s'avancer avec vîteffe fur la plaine, & de le former. Aprés cela le Général revint, & ordonna au Comte de Lottum de refter à l'entrée de la bruyére avec les cent-cinquante chevaux qu'il commandoit. On pofta auffi les Grenadiers, & les Quartiers-maîtres. Dans les brouffailles qui bordoient le terrain qu'on vouloit occuper, & ou il falloit que l'ennemi pafsâ abfolument, pour nous renverfer à mefure que nos Regiments fortoient du défilé. Ils furent mis en Battaille par le Général Webb & le Comte de Naffau, pour occuper l'ouverture qui étoit entre le bois de *Wynendale*, & les brouffailles, de l'autre côté qui forment comme un petit bois. A peine avions nous fix Battaillons paffés, que les ennemis commencerent à canonner avec dix piéces de canon, & neuf autres a trois bouches chacun, les cent-cinquante chevaux qu'on avoit à l'entrée de la bruyére. Mais cela ne les obligea pas de fe retirer, car ils tinrent fermes, & refterent fans branler: Ce qui produifit l'effet que le Général en attendoit, qui étoit de lui donner le temps de mettre l'Infanterie en Battaille pour occuper l'ouverture, & y former deux lignes. L'aîle gauche s'étendoit loin derriére les brouffailles, afin d'empécher l'ennemi d'y paffer, & couvrir nôtre flanc, on pofta fur celui de la droite dans le bois de *Wynendale* le Regiment de Heukelom, & fur le flanc de la

C

gau-

gauche, celui du Prince de Prusse avec ordre de s'y tenir cachés; &
de ne point tirer que lorsqu'ils pourroient prendre l'ennemi en flanc.
On fit aussi avancer quarante pas à droite & à gauche des pelotons de
Grenadiers. Les Quartiers-Maîtres furent placés dans un chemin qui
passe au travers des broussailles. Les ennemis cependant après nous avoir
canonnés pendant trois heures, s'avancerent vers nous en Battaille vers
la plaine, avec quatre lignes d'Infanterie & autant de Cavallerie: ce
qui fit qu'on donna ordre au Comte de Lottum de se retirer, & il le
fit en très bon ordre. Les ennemis continüerent à marcher droit à nous
au nombre de 40 Battaillons & 48 Escadrons, qui est plus que ce qu'on
avoit crû d'abord. Le Général Webb ayant rémarqué qu'ils défiloient
par leur droite, y envoya le Comte de Nassau pour réconnoître leurs
mouvements: sur quoi on y fit marcher le Regiment du Brigadier
Grumkow commandé par Mr. le Colonel Bescheffer. Le Brigadier
Elez arriva à la droite avec le Regiment de l'arriéregarde, qu'il posta
dans le bois de *Wynendale*, un demi quart d'heure avant le combat.
Les deux Battaillons & les six cens Grenadiers détachés avec le Brigadier Landsberg nous ayant joint, formerent une troisiéme ligne un moment après. Les ennemis commencerent l'attaque, & avancerent à
quinze pas près du Battaillon posté au flanc de la droite, qui s'étoit
tenu caché selon l'ordre du General, & qui ne fit feu que lorsque les
ennemis présenterent le flanc, mais avec tant d'effet que leur aîle gauche tomba tout en désordre sur leur droite, qui vint du Regiment de
Gromkow posté au flanc de la gauche & environ à la même distance
eût un salut très rude: ce qui les mit tout en desordre. Ils revinrent
pourtant à la charge, & pousserent deux de nos Battaillons; mais le
Regiment d'Albemarle commandé par Mr. D'hirtzel avança sur leur
Cavallerie, qui tâcha de pénétrer, & de s'engager avec eux; & par
sa vigoureuse resistance il donna le temps au General de mener le Regiment de Berndort & de Lindeboom dans la place de ceux qui avoient
été poussés: ce qui fut fait en un moment. Cependant les ennemis soute-
nus par tant de lignes, firent un second effort pour nous enfoncer,
mais aucun de nos Battaillons ne plia, tous demeurerent comme des
pieux, & ils avancerent quelques pas suivant lorsqu'ils en avoient réçû
avec tant de promptitude que le General même fut obligé de les arrêter, afin de ne pas perdre l'avantage des deux flancs, & sa prevoyance

ce eût tout le fuccès qu'il s'étoit imaginé : car les deux Regiments &
les Grenadiers y firent un feu continüel, qui obligea les deux aîles des
ennemis de fe renverfer fur leur centre, & de fe retirer avec grande
confufion, quelques effort que fiffent les Officiers pour les faire avancer, ils n'y pûrent réüffir, fe contentant de tirer de loin fur nos lignes,
& les nôtres y répondirent par pelottons avec le même ordre, que s'ils
avoient fait leur exercice.

Mr. le General Major Cadogan qui étoit arrivé peu après l'action
commencée s'offrit de charger les ennemis dans leurs defordres, avec
deux Efcadrons qu'on avoit pour lors. On attendoit a tout moment 4
Efcadrons, aux quels on avoit donné ordre de venir ; mais ils n'arriverent que vers les fept heures : ainfi on ne jugea pas à propos d'expofer
un fi petit nombre à toute l'armée ennemie qui s'etoit avancée, afin
de favorifer la retraitté de l'Infanterie. Le combat fut très rude, &
dura deux heures, nous eûmes cent vingt huit Officiers & Soldats de
tüés, & huit cent & trois de bleffés, & les ennemis fuivant le rapport
des prifonniers, & qui fut confirmé par les Deferteurs, perdirent trois
à quatre mille hommes, leur retraitte fe fit avec une fort grande confufion. Ils laifferent leur Canon la nuit dans le bois, & ne le revinrent
rechercher que le lendemain fur les onze heures, après avoir appris que
nos Généraux avoient continué leur marche à deux heures après minuit,
pour conduire leur convoy, après avoir fait emporter les bleffés, &
plufieurs des ennemis. Cette action peut paffer pour une chofe fort
furprénante, puifque nous n'avions que fept mille hommes à caufe des
détachemens qu'il avoit fallu faire, & que les ennemis en avoient vingt
mille. Mr. le Général Webb a fait tout ce qu'on pouvoit attendre
d'un brave homme & d'un habile Général, & toutes les troupes s'y
font bien diftinguées par leur bravoure, quoique les François nous
crûffent renfermés dans un labirinthe, comme nous l'avons répréfenté
dans une Medaille que j'ai frappée fur ce fujet. Vous voyés un lion
dans un labirinthe, & qui chaffé le Cocq de hors & qui s'ouvre le paffage
l'épée à la main avec la juftice de la caufe, pour la quelle il eft obligé
de prendre les armes, & par cette juftice Dieu lui a fait trouver le
chemin pour en fortir. Comme nous le fait fort bien comprendre
l'Infcription qui eft autour.

FATA VIAM INVENIENT.

C'eft

C'eft a dire que *les Dieux trouveront le chemin* dans l'exergue. On lit ces autres paroles.

PRÆLIUM WYNENDALENSE XXVIII. SEPT. MDCCVIII.
Combat de Wynendale le 28. Septembre 1708.

R E V E R S.

On voit le lion d'Hollande dans fon Jardin que nous avons ex-pliquée fi devant qui me fervira dorefnavant de corps d'un côté des Medailles que je frappéray a la gloire de cet' Etat.

Voici plufieurs Medailles qui ont été frappées par Mr. Frederick Kleiner, qui a vendu font font à Monfieur Cafpar Theophile Lauffer Effayeur General de la Monnoye, c'eft une perfonne fort honnête & complaiffante, & il les a frappée.

Sur la prife de Lille, nous ne vous donnerons pas de rélation de ce fiege il y en a déja tant qui ont paru, que vous devés vous en conten-ter, c'eft un des plus beaux fieges qui fe foit jamais fait à la vüê d'une nombreufe armée, commandée par les Princes de France, que la po-fterité aura de la peine à croire dans la fuitte du temps. Tous les mou-vemens qu'ils fe font donnés, fans ofer nous infulter ont été inutiles. Le bruit qu'ils faifoient courir d'une expedition militaire, dont toute l'Europe feroit furprife, qui devoit renverfer tout d'un feul coup tous les progrès que nous avions faits pendant le cours de la Campagne, c'eft ici qu'on pouroit avancer la fotté Medaille, qu'ils firent frapper pour la ligue d'Augsbourg par le Alliés dans la quelle il reprefentoit
une

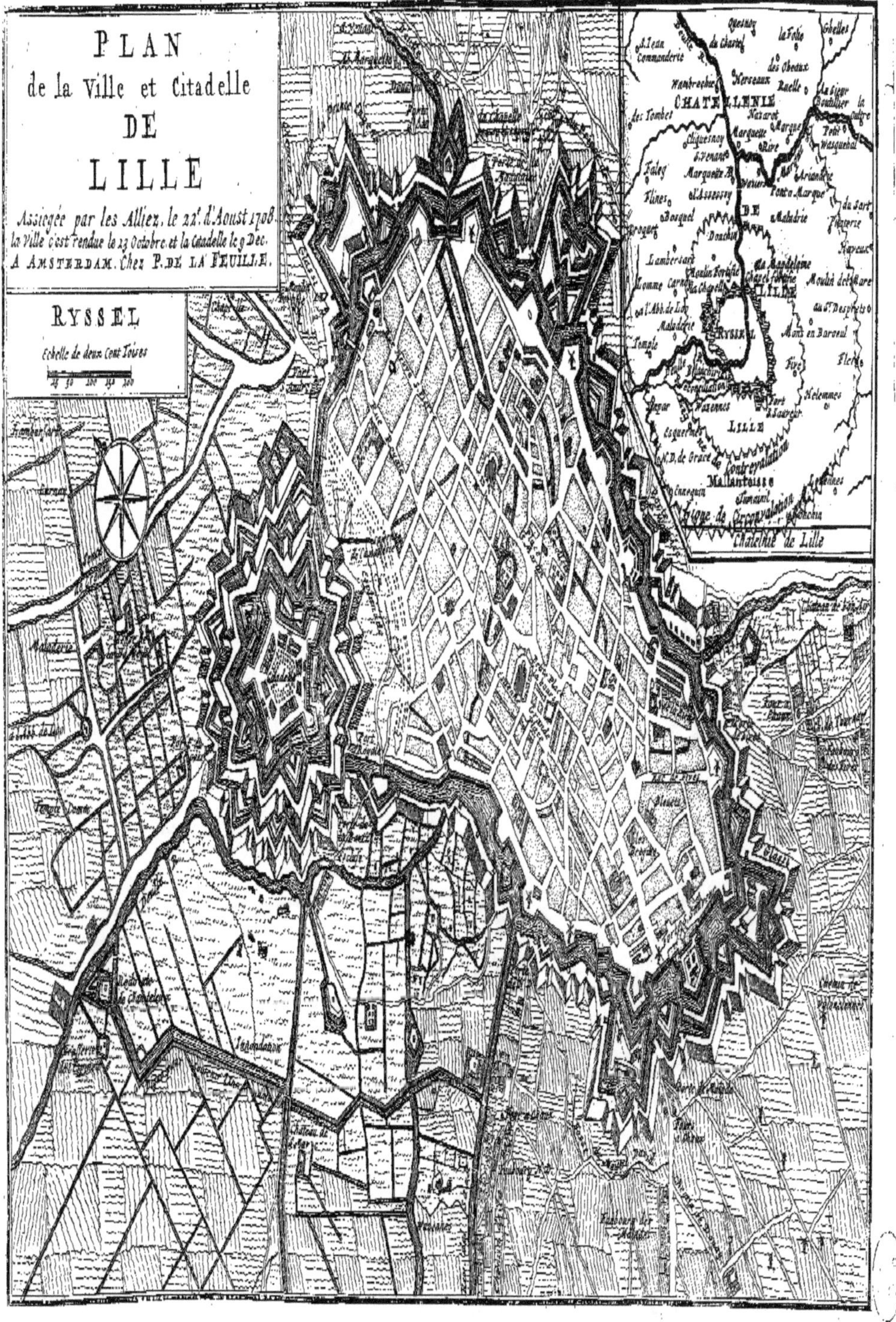

PLAN
de la Ville et Citadelle
DE
LILLE
Assiegée par les Alliez, le 22.e d'Aoust 1708.
la Ville c'est rendue le 23 Octobre, et la Citadelle le 9 Dec.
A AMSTERDAM, Chez P. DE LA FEUILLE.
RYSSEL
Echelle de deux Cent Toises
25 50 100 150 200
CHATELLENIE
DE
LILLE
Ryssel

une montagné qui enfantoit un souris comme nous le faisoit comprendre l'Inscription qui étoit autour que voisi.

PARTURIENT MONTES, NASCETUR RIDICULUS MUS.
Tout ce grand projet n'a abouti qu'à se laisser battre à Wynendale, & à nous faire prendre Lille, & nous laisser passer l'Escaut, & à fuir d'une maniere honteuse hors de leurs retranchements d'Oudenarde, & devant Bruxelles ; & pour couronner l'œuvre, Bouflers sortit de la Citadelle de Lille. Ce n'est pas ici une montagne qui enfante nn souris mais ce sont des Généraux battus a *Wynendale*, des Princes de France & Généraux qui fuient, & un Electeur qui se retire avec confusion il est vray que cela a surprit tout le monde & qu'il avoit raison de dire qu'il feroit des choses surprenantes. Voilà des expeditions qui méritent d'être envoyées a leur Mercure Galand, pour égayer sa plume qui commance a devenir fort seche & aride faute de matiere. Lille fut investie le 13 Aoust par le Prince Eugene, qui étoit infatigable, & qui fut blessé dans la tranchée, le Prince de Frise qui fut aussi du commandement pour investir la place. Ce jeune heros a donné dans ce siege des marques d'un grand courage. Il a pensé y perdre la vie d'un coup de Canon tiré de la place, qui emporta la tête de son valet de chambre qui l'habilloit. Son habit en fut gâté du sang, & de la cervelle de ce pauvre homme. C'est un siege qui a été fort pennible, & il ne s'en est pas encore trouvé de semblable dans toutes les guerres que nous avons entreprises on n'a jusqu'ici rien vû qui en approche, les soldats qui ont servi dans le siege ne connoissoient plus le sommeil ; car aprés la tranchée venoient les Gardes de Camp, & le piquet, ensuite les assauts, de sorte qu'à peine ont ils eu de quatre nuits une, pour se reposer. Tout cela n'a point rêbuté nos intrépides guerriers ils ont forcé tous les obstacles ; plus les difficultés ont été grandes, plus ont ils eu de gloire à les surmonter ! & par la ils ont reduit la ville & la Citadelle à se rendre, à la vüe des François qui faisoient mine de la vouloir defendre aprés de quatre mois, ayant supporté toute la rigueur de la saison avec un grand courage. Quelle joye pour Mr. d'Ouwerkerk s'il avoit pû voir la fin de cette Campagne ! quelle gloire pour lui d'avoir contribué à vaincre ses ennemis ! Quel triomphe de moissonner tous les lauriers de la Campagne ! mais la mort nous a enlevé, ce grand Général, qui s'est tant de fois sacrifié pour la Patrie & pour le soutien de

C 3

l'Etat,

l'Etat, qui a souvent perdu le repos dont il avoit befoin pour fe retablir de fes indifpofitions, qui fe mettoit peu en peine de fa vie, lorfqu'il s'agiffoit de combattre : auffi calme dans l'adverfité, que dans la
profperité ; ne fe laiffant jamais intimider, quoique fes ennemis fuffent Superieurs en nombre cherchant la victoire au milieu des perils les
plus grands, fe mettant à la tête de l'armée pour en courager les foldats, fe jettant avec eux dans la melée, deconcertant fes ennemis par
fa valeur, les étonnant par fa prefence, les repouffant avec fermeté for-
çant leurs retranchements, & s'emparant des poftes les plus avantageux.　　Tout caffé de vieilleffe qu'il étoit, il ne prenoit aucun rélâche
dans fes travaux guerriers. Il difoit qu'un véritable Général devoit mourir debout ; auffi finit il fes jours en faifant les fonctions de Général, &
il mourut dans le lit d'honneur, & comme un autres Eleazar il fut en
feveli dans fon triomphe.　　Ce fut le 18 Septembre qu'il déceda.　　Sa
perte fut regrettée de tous les Officiers.　　Chacun portoit fur fon vifage
de marques de trifteffe! Tous enfin furent occupés à faire fon éloge,
& dans le recit qu'ils faifoient de fes actions heroïques, ils trouvoient
un nouveau fujet de douleur.　　Je vous donnerai une profopopée qu'on
a fait fur fa mort adreffée aux François.

> *Si malgre le renfort de nos troupes altiéres,*
> *Vous perdés les remparts qui couvroient vos frontieres,*
> *François de nôtre fort ne foyés point jaloux,*
> *La mort cruelle inexorable*
> *Nous ravit d'Ouwerkerk un Heros indomptable,*
> *Vous perdés, mais helas! nous perdons plus que vous.*

Voici une Infcription qu'on poura mettre deffous fon illuftre portrait.

> *Aux grands exploits de Mars dévoüé dés l'enfance,*
> *Je fus de mon Païs la plus douce efperance,*
> *La fageffe toûjours conduifit mes deffeins.*
> *La gloire que j'aimai né me fut point ingrate,*
> *Je joüis en mourant du fort de Mithridate,*
> *Et mes derniers regards virent füir les Romains.*

Je croi que vous voudrés bien pardonner cette petite diggreffion.
J'ai penfé que je devois cela à la memoire de ce Grand Général, nous
viendrons à l'explication des Medailles, qui ont été frappée fur la ville

de

de Lille ces fix Medailles ont été frappé par Monfieur Cafpar Theophile Lauffer de qui nous avons parlé fi devant dans la prémiere vous
voyes d'un côté, deux heros, qui tiennent dans la main un lys fraîche-
ment cueilli. Devant eux paroît une Nymphe dans une pofture humi-
liante, qui s'appuye fur fon bouclier, où font les armes de Lille, elle
leur préfente deux clefs, dont les bouts font ornés de fleurs de Lys :
Ce qui nous fait entendre que ce font les clefs de Lille. Cette Medaille a encore du rapport à celle qu'on a frappée pour la bataille *d'Oudenarde*, dans la quelle on voyoit deux heros, qui ont commandé de cüeillir des Lys pour en embellir leurs Guirlandes. Ici la nimphe leur en
préfente cette legende fe lit au tour de la Medaille.

LILIIS DISCERPTIS LILIUM CAPTUM.

C'eft-à-dire, *qu'aprés que les Lys à fçavoir les François out été découpés
& difperfés, cette fleur de Lys à fçavoir Lille a été cüeillie :* Ce qui nous
fait voir que la force de cette importante place, eft une marque inconteftable de la victoire remportée à *Oudenarde*, dans l'Exergue font ces
mots.

EUGENIO OBSIDENTE, MALBURG;
PROTEGENTE, GALLO SPECTANTE,
INSULÆ CAPTÆ XXIII OCTOB. MDCCVIII.

Qui fignifient, *que pendant que le Prince Eugene conduit le fiege, Mylord Marlboroug le couvre, & le François les regardant faire, Lille fe-
prend le 23 d'Octobre 1708.*

R E V E R S.

De l'autre côté on voit le plan de la Ville, & du chateau avec les fortifications, & ces paroles de virgile qui font fort propres au fujet.

URBS ANTIQUA REDIT MULTOS DOMINATA PER ANNOS.

C'eſt-à-dire, *que la Ville qui a été longtemps fous une puiſſance étrangere, revient à fon prémier Seigneur.* Le cercle exterieur de la Medaille contient ces autres paroles d'un Poëte,

NEC MINOR EST VIRTUS QUAM QUÆRERE FACTA TUERI.

Qui veulent dire, *qu'il y a une égale gloire à faire des conqueſtes, & à les conferver.*

Dans la feconde Medaille, vous voyés d'un côté la victoire telle qu'elle fe voit dans les Medailles antiques, poſtant fon pied fur les écuſſons des armes de Lille, & arrachant de la main gauche une couronne murale de deſſus la tête d'une femme qui eſt terraſſée, s'appuyant d'une de fes mains, & de l'autre dans une poſture d'une Grande furprife, de voir fa couronne terraſſée & enlevée de deſſus fa tête. La victoire tient de la main droite une branche de palmier, qui nous fait entendre que la poſterité en parlera tant qu'elle durera. Elle a l'autre pied fur la cuiſſe de cette femme, qu'elle tient terraſſée. Au tour on lit cette Infcription.

INSULA FLANDR. GALLIS A FOEDERATIS EREPTA.

Qui fignifie, *que Lille en Flandre a été prife par les Allies fur les François.* Dans l'Exergue, on lit ces autres paroles.

INDEFESSA VIRTUTE INVICTISSIMI EUGENII SAB. PRINCIPIS MDCCVIII.

Cela à été exécuté par la valeur & fous la conduite de l'invincible Prince Eugene de Savoye l'an 1708.

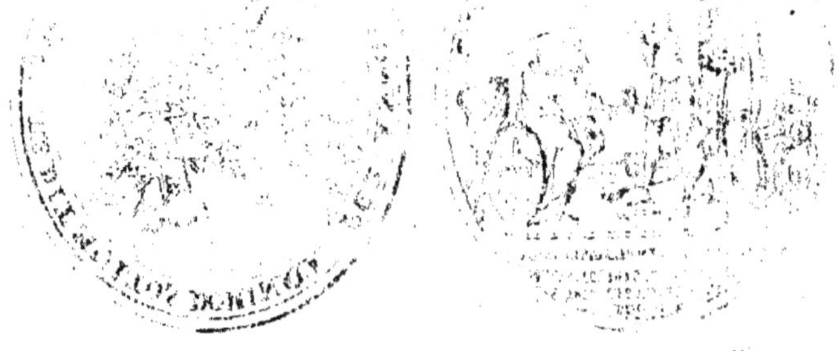

R E V E R S.

Vous voyés Minerve, qui est assise sur un trophé d'armes, appuyée sur un tonneau de poudre, ayant des armes à ses pieds, tenant sa lance entre ses jambes, qui répose sur son bras, montrant de l'autre main son bouclier, où est peint la tête de Meduse, qu'elle fait voir à un guerriér qui montre l'écu de France. Il est terrassé dans une posture qui marque le désordre où il est. Toutes ces figures hieroglyfiques nous font entendre la sage conduite du Prince Eugene, & de Mylord Marlboroug, qui a sçeu arrêter l'armée de France, & par là couvrir le siege de *Lille*, que le Duc de Bourgogne n'a pas osé en tenter le secours, non obstant toutes les contenances qu'ils ont faites, pour voir ce que nos Braves Généraux entréprendroient. On lit autour.

SPES HOSTIUM IMPERTERRITORUM PRÆCISA.

Ce qui nous fait entendre, *que l'esperance des ennemis est perdüe pour l'epouvante qu'ils ont prise par le courage intrépide qu'ont fait paroître nos soldats.* Dans l'Exergue, il y a.

PRUDENTIA FORTISS. DUCIS MARLEBUR.
OBSIDIONEM INSULANAM PROTEGENTIS.

Ce qui signifie, *par la sage conduite du Duc de Marlboroug qui couvroit le siege de Lille,* sur le cercle exterieur de la Medaille se lisent ces autres paroles, qui ont été prise d'une Medaille qui a été frappée en France en l'an 1647.

SPECTANTE NEC QUICQUAM AUDENTE EXERCITU.

GALLORUM SUB DUCE BURGUND. LUDOVICI NEP.

Cela nous fait entendre, que l'Auteur veut appliquer ces paroles où il a fait un petit changement à l'occasion présente qui est. *A la vûe d'une nombreuse armée de France qui n'ose pas branler, & sous la conduite du Duc de Bourgogne, petit Fils de Loüis le Grand, les François voyent prendre Lille à leur barbe.* La troisiéme Medaille contient d'un côté la Ville, & la tour de Babylone baties en Orient dans la plaine de Sinear, pour marquer que malgré tous les stratagêmes que la Cour de France a employés pour le secours de la place, en presence des quatres Ducs de Bourgogne, de Berry, de Vendôme, & de Berwich, qui avoient une armée Superieure en nombre à celle des Alliés de plus de 25 mille hommes, Dieu n'a pas laissé de rüiner leurs projets, & de renverser tous leurs desseins, de même qu'il renversa ceux de Nemrod à Babel : ce qui fait voir le désordre, qui étoit dans leurs troupes, & la mesintelligence, qui regnoit dans leurs conseils, ne s'entendant pas eux mêmes. Semblable à ceux qui se trouvérent dans la tour de Babel, comme il paroit clairement par cette Inscription, qui est au tour de la Medaille.

CONFUNDAMUS LINGUAM EORUM, UT NON AUDIAT UNUS QUISQUE VOCEM PROXIMI SUI.

C'est-à-dire, *que Dieu avoit confondu tellement leur langage, qu'ils ne s'entendoient plus les uns les autres.* Dans l'Exergue sont ces autres paroles.

RYSSEL VEL INSULÆ PER PRINCIPEM
EUGENIUM OBSESSA XXII AUG. ET XXIII. OCTOB. RECEPTA MDCCVIII.

Lille assiégée par le Prince Eugéne le 22 août, & reprise par accord le 23 Octobre 1708.

REVERS.

Nous voyons de l'autre côté la Ville & la Citadelle de *Lille* affiegée, que Bouflers Marêchal & Pair de France , qui avoit 13 milles hommes de garnifon , & en abondance tout ce qui étoit neceffaire pour une vigoureufe defenfe , & qui a foutenu opiniatrement pendant neuf femaines, a été obligé de mettre entre les mains du Prince Eugene. Au tour on lit cette Infcription.

SISTE SOL IN GIBEON, ET LUNA IN VALLE AIALON.

Cela eft tiré du livre de Jofué chap. x. verfet x11. ce qui fait allufion au foleil , qui paroit au deffus de la Ville de *Lille* , & la Lune au deffus de la Citadelle , ce qui veut dire. *Soleil arrête toi en Gibeon, & toi Lune dans la vallée d'Ajalon.* l'Auteur nous fait entendre , que comme le Soleil & la Lune fe font arrêtés dans leur courfe pendant un jour, de même les deux Heros, le Prince Eugéne , & Mylord Marlboroug, ont par leur fage conduite & par leur grande prévoyance fi long temps arrêté le Soleil & la Lune de France. C'eft-à-dire, les Princes de France jufqu'à ce qu'ils eurent terminé heureufement le fiege de *Lille.* Dans l'Exergue on lit ces autres paroles.

CASTELLUM RYSSEL OBSESS. XXVII OCT. RECEPTUM VERO IX DEC. MDCCVIII.

La Citadelle de Lille affiegée le 27 Octobre , & reprife le 9 Decembre 1708. Dans le cercle exterieur de la Medaille eft le Symbole de l'Empereur Othon III. furnommé , MIRABILIA MUNDI, c'eft-à-dire, *la merveille du monde*, qui regna l'an 984. on lit ces mots.

UNITA VIRTUS VALET.

Qui fignifient , *que les forces unies portent coup :* ce qui fé rapporte à la bonne harmonié des Alliés, dont l'union eft in feparable.

Sur la quatriéme Medaille , fe voit fur le côté droit la France en forme d'Heroïne , en manteau royal , affife & appuyée fur le daufié de fon fateuil , toute trifte fondant en larmes , montrant de la main droite d'une maniere melancolique l'Ecu de France pendu a un tronc d'arbre fec & aride , qui fait comprendre, que fes grandes efperances font échouées , par cette perte , fur cet Ecu il n'y a que deux fleurs de Lys, celle d'en bas étant tombée à fes pieds: ce qui fait allufion aux

D 2

armes

armes de la Ville & de la Citadelle *de Lille*, qui porte une fleur de
de Lys, que c'eſt une perte fort conſiderable pour la France, tant par
rapport au Grand negoce que cette Ville faiſoient, que des ſubſides
qu'il en récevoit. Car pour le negoce, on peut dire cette Ville a mis les
biljets de monnoye en crédit, que ne l'ayant plus, elle a perdu tout ſon
crédit, & qu'elle mettra le négoce en Grand deſordre. Au tour on lit.

GALLIA MOERENS, OB LILIUM DEPERDITUM.

C'eſt-à-dire, *la France affligé pour la perte d'une fleur de Lys.* Dans
l'Exergue, on lit ces autres paroles.

INSULA FLANDRIÆ CUM CASTELLO RESTITUTA.

Qui veut dire, *Lille & ſa Citadelle reſtituées.*

R E V E R S.

On voit la Ville & la Citadelle de *Lille* en perſpective. Au tour
on lit.

FOEDERATIS ADITUS IN GALLIAM APERTUS.

Ce qui nous fait voir, *qu'à preſent les Alliés ont par la conquête de cette place ouvert un chemin à leurs armes, pour pénétrer dans le cœur de la
France.* Dans l'Exergue on lit.

URBS REDDITA D. XXIII. OCTOBR.
CASTELLUM D. IX. DECEMBR. MDCCVIII.

Ce qui nous marque, *le jour de la reddition de la Ville, qui eſt le 23*
Octobre & de la Citadelle le 9 Decembre 1708. Dans le cercle exterieur
de la Medaille ſe lit :   TEM-

TEMPUS ULTIONIS EST A DOMINO;
VICISSITUDINEM IPSE TRIBUET EI.

Les paroles font tirées du livre d'Jeremie chap. 51. vers 6. qui font voir, *que le temps de la vengeance de l'Eternel eft venu, c'eft lui qui lui en rendra la pareille.*

La cinquieme Medaille au côté droit eft de même que nous venons de vous l'expliquer. *La France trifte*, il n'eft pas neceffaire de vous la rapporter encore une fois.

R E V E R S.

Ce revers eft pour l'heureufe Campagne des Alliés. On voit fufpendu à un trophée avec des branches de laurier, un bouclier fous lequel il y a quelques armes couchés. A droite du Trophée fe voit le Dieu de l'Efcaut couché, s'appuyant fur une urne ; d'où fort l'eau de l'Efcaut, tenant fon gouvernail, regardant ce bouclier pour admirer les belles actions que nos Généraux ont faites fur le bord de cette riviére, fur la gauche on voit la rénommée, la trompette à la bouche, pour publier ces actions heroïques à tout l'Univers. Au tour on lit,

EXPEDITIO FOEDERAT. FOELICISS. FINITA.

C'eft-à-dire, *la Campagne des Alliés très heureufement finie :* Ce qui eft fort bien expliqué par l'Infcription, qui fe lit fur le bouclier qui eft fufpendu, en quoi confifte cette heureufe Campagne. La voici.

D 3

SCAL-

RELATION

SCALDI TRAJECTA VALLO HOST:
PERRUPTO, BRUXELL. LIBERAT, DUCE
BURGUND. IN GALL. FUGATO, GANDAV.
ET BRUGIS RECEPT. MDCCVIII.

C'eſt-à-dire, qu'après que les Alliés eurent paſſé l'Eſcaut, ils ont forcé les lignes des ennemis, délivré la Ville de Bruxelles qui étoit aſſiegée, contraint le Duc de Bourgogne de ſe retirer en France, & repris Gand & Bruges.

Sur la ſixiéme Medaille on voit d'un côté la ſtatüe qu'on a érigée a la gloire de Louïs 14 ſur la place de victoire, la figure de ce Monarque y paroit droite, s'appuyant ſur un bâton Royal, la victoire qui eſt couronnée, lui arrache ſa couronne de deſſus ſa tête, comme nous le fait fort bien entendre cette Inſcription qu'on a mis autour de la Medaille.

AUFERT NON DAT.

C'eſt-à-dire, *elle lui ravit cette couronne* dont il ſe vantoit d'être le poſſeſſeur, & que perſonne ne la lui pourroit jamais arracher, par la un Monarque apprend a ſes depens, qu'il ne doit point avoir un ambition demeſurée, qu'il doit ſe contenir dans le bornes de la modeſtie, lorſqu'il remporte des victoires; qu'il ne doit jamais mépriſer ſes ennemis, quoiqu'il les ait vaincus, & que ſouvent ceux qu'il fouloit a ſes pieds, & qu'il vouloit enchainér comme des captifs, triomphent a leur tour, terniſſent ſa gloire de ſes armes par des conquêtes ſurprenantes, & le mettent dans une neceſſité inévitable de leur demander la paix. Tel eſt le ſort de Louïs 14 Roi de France enflé du progrés de ſes armes, il ſe fit élever un arc de triomphe, ou il fit placer ſa figure, & mettre au bas ſes ennemis liés & enchainés, mais Dieu a chatié ſon orgüeil, il lui a fait ſentir la péſanteur de ſa main par des pertes de Battailles, par des priſes de villes conſiderables, a les benedictions qu'il a repanduës ſur les armes des Alliés, il voit maintenant que tous ſes projets ambitieux ſont evanoüis, que ceux qu'il a foulé aux pieds, lui donnent des loix. Ces Têtes couronnées, ces Princes, ces Potentats qui ſont enchainés au bas de ſa ſtatue ſont ceux la même qui, enchainent ſes Généraux, & qui les trainent après eux, comme les ſuites de leur triomphe: il a voulu déclarer la guerre a toute l'Europe, & aſpirer a la Monarchie univerſelle, & l'Europe s'eſt liguée contre lui, pour mettre des

bornes

bornes a ſon ambition, tout l'univers retentit du bruit des victoires des
Alliés, & chacun ſe rejouit de ſes pertes, ſes chaînes ſont peſantes a
porter, ce ne ſont pas des liens en figure, comme ceux dont il fait en
chainer ſes ennemis, ce ſont des liens & des chaines reëlles & effecti-
ves, dont il ſent le poids, & dont il ne pourra ſe delivrer, que par
une paix avantageuſe aux Alliés, & honteuſe pour toute la France.

REVERS.

Vous voyés la France repreſentée ſous la figure d'une femme, qui
porte une couronne Royale deſſus la tête, avec un manteau Royal ſemé
de fleurs de Lys; elle paroît dans une poſture toute effrayée & dans un
grand abbattement, laiſſant tomber ſon écu par terre, quand elle ap-
perçoit deux heros qui terraſſent la figure d'un mercure, en forme de
termes, (figures dont ſe ſervoient les Romains pour ſeparer les limites)
& qui viennent fondre ſur elle; ce qui nous fait bien entendre la priſe
de *Lille*, qui étoit une forte barriere pour ſes frontieres & ce limite étant
occupé par ſes ennemis, ils pourront pouſſer la guerre juſque dans ſes
propres Etats; au deſſous de cette femme paroit un Cornet d'abondance, dans lequel il n'y a rien du tout. L'auteur nous fait voir parla la grande diſette qu'il y a en France, par le manquement d'argent, de grains,
& de vin. Dieu afflige ce Roi par les trois fleaux qu'il a tant de fois fait
ſouffrir a ſes voiſins, en les pillant, en les ſaccageant, en brulant les
bléds, en ruinant les vignes, & en faiſant couler les tonneaux de vin
dont

dont il auroit besoin presentement pour la subsistance de ses pauvres
peuples.   Au tour on lit ces mots,

HANNIBAL ANTE PORTAS.

L'Auteur fait allusion a ce que Hannibal avoit fait dans l'Empire, son
nom seul étoit capable d'effrayer les enfans, & quand ils ne vouloient
pas faire ce qu'on exigeoit d'eux, on leur disoit : prend garde, Hannibal est a la porte, ce qui nous represente le Prince Eugéne, & Mylord
Marlboroug, qui sont apresent des Hannibals pour la France, qui le
redoute.   Les Anciens Romains se sont servis de ces paroles, en de
pareilles occasions, dans *l'Exergue* on lit,

VIRTUTE INVICTORUM HEROUM FELICITER
INTRA GALLIÆ FINES REPULSO BELLO,
CAPTA INSULA D. 23 OCT. 1708.

C'est-à-dire, *que la France ayant été repoussée jusques dans ses frontieres,*
par la valeur des heros Invincibles, en prenant Lille le 23 Octobre 1708.
on pourra, l'attaquer dans ses propres Etats, car si on s'est emparé d'u-
ne Ville si forte par sa garnison, par ses remparts, & par la situation,
en presence d'une armée nombreuse, a la vûë de Princes de France &
de tous leurs Généraux, on peut croire que les autres places de Flandre
ne pourront resister a la force des Alliés, au courage de leurs Généraux, & a l'intrepidité de leurs soldats.   La France pour faire une di-
version, envoya le Duc de Baviere pour assiéger Bruxelles, ce Prince
fit éclater sa valeur dans les assauts qu'il donna. Tout l'Escaut étoit bor-
dé des François & de leurs canons, pour favoriser la Prise de Bruxelles,
mais la valeur de nos Généraux passe l'Escaut avec leur armée, intimi-
dent les François, qui les voyant venir prirent la fuitte & laissérent leur
canon. Cela obligea le Duc de Baviere, de lever le siége de Bruxelles,
& ne retarda en aucune maniere la prise de *Lille*, le Prince Eugene à son
retour de l'Escaut, en donna avis a Monsieur de Boufiers de son passage, de la levée du siége de Bruxelles, & de la retraitte de l'armée de
France au de la riviere de scarpe, & le sollicita a rendre *Lille*, s'il vouloit qu'on lui accorda les marques d'honneur, que merite un Grand Capitaine, quelque resistance que fit Mr. de Boufiers, il ne laissa pas d'être
ebranlé par les nouvelles qu'on lui apprit, & il demanda peu de temps
après à capituler, & quoi qu'il se retira dans la Citadelle, elle ne tint
pas long temps, & on peût conjecturer par la prise de cette place, qui
                                                                    sembloit

fembloit imprenable, que les autres Villes, ne pourront refifter a la valeur de nos Généraux.

Nous reprendrons nôtre Defcription. La feptiéme Medaille eft une Medaille, que j'ay frappée fur la prife de *Lille*. D'un côté on voit un Lyon, qui tient deffous une de fes ferres les armes de la Ville, & clefs, & de l'autre ferre arrête un coq qui s'enfüit au rugiffement du Lyon: ce qui nous fait fort bien comprendre, que le Lyon ne s'enfüit point au chant du coq, comme les flateurs du Roi de France ont pretendu; mais que c'eft le coq qui füit, comme nous le fait fort bien entendre le vers qui eft au tour de la Medaille.

NUNC TU GALLE FUGIS, DUM LEO BELGA FREMIT.

Toi coq füis à l'heure qu'il eft, lorfque le Lion Belgique rugit. Dans *l'Exergue*, on lit ces autres paroles.

INSULA CAPTA XXIII. OCTOB., ET ARX EXPUGNATA
  IX. DECEMB. MDCCVIII.

Lille pris le 23 Octobre & la Citadelle rendüe le 9 Decembre 1708.

R E V E R S.

Ce revers a été frappé pour le paffage de *l'Efcaut*, mais auparavant que de vous l'Expliquer, nous vous donnerons une petite relation de ce paffage, le Prince Eugéne & Mylord Marlboroug ayant appris, que le Duc de Baviere avoit attaqué *Bruxelles*, ont réfolus à quelque prix que ce foit de la fecourir. La refolution ayant été prife, on marcha droit à l'ennemi. On tenta de franchir le paffage de *l'Efcaut* au mê-

E

me

me endroit ou ils étoient poſtés.　On ne voulut point s'amuſer à aller chercher les ennemis au deſſus de *Tournay* : ce qui auroit été plus facile, par ce que ce detour auroit emporté deux ou trois jours, & que la diligence étoit neceſſaire.　On s'étoit préparé à une ſanglante Bataille. On avoit ramaſſé autant de troupes qu'on avoit pû en aſſembler, pour cette action.　On rappella Mr. le Général Fagel du païs de Furnes, & le Prince d'Auvergne de la Baſſée.　On retira auſſi tous les autres petits détachements qu'ils avoient en divers endroits.　Le Prince Eugéne détacha du ſiege de *Lille* autant de troupes qu'il pût, & toutes les diſpoſitions ayant été faites avec une très grande diligence, Mr. le Général Dompré fut commandé le 24 Novembre au ſoir avec 20 Eſcadrons & dix Battaillons pour marcher vers *Harlebeeck* : ce qui ſe fit le matin du 25 à la pointe du jour.　Quelques heures après l'Armée ſe remit en marche de *Rouſſelaer* ſur deux colonnes, pour paſſer la *Lice* à *Courtray*, & ſe rendre auſſi à *Harlebeeck*.　La droite qui avoit l'avant-garde y arriva d'aſſé bonne heure, & s'étendit juſqu'à *Courtray*; mais la gauche n'y arriva que le 26 a ſix heures du matin, & s'étendit près de *Denlieck*, quoique la Cavalerie de la gauche ne fut arrivée, que le matin au camp, à cauſe des mauvais chemins & des defiléz.　On ordonna pour tant à l'Armée de ſe tenir prêt à marcher, le même jour à trois heures après midi.　On détacha encore de la gauche 20 Eſcadrons & ſix Battalions ſous le Général Major Bothmar, & le Brigadier Smettau, qui joignirent le Lieutenant Général Dompré.　Le Comte de Lottum s'y étant rendu pour prendre le commandement de tous ces détachements, qui étoient de 40 Eſcadrons & de 16 Battaillons, avec ſix pieces de Canon & 14 Pontons, ſe mit en marche le 26 vers *l'Eſcaut*, avec ordre de jetter des ponts ſur ce fleuve du côté *d'Aperen*, près de *Gavre*, d'y paſſer à quelque prix que ce fût, & de ſe fortifier ſur les hauteurs, juſqu'à ce qu'il pût être ſécouru par le reſte de l'Armée.　Le même jour Mylord Duc ſe mit en marche avec l'Armée ſur les 4 heures après midi, pour attaquer les ennemis près de *Kerckhoven*, & y jetter des ponts pour paſſer la riviere, pendant, que le Prince Eugéne, qui marchoit de ſon côté avec environ 20 Battaillons, & 40 Eſcadrons tacheroit de paſſer à *Eſcanaſſe*.　Tout fut ſi bien reglé & avec tant de promptitude, que les ennemis n'en eurent point de connoiſſance, quoiqu'ils ſçüſſent bien nôtre paſſage de la *Lice* ; mais ils ne pou-

voient

voient s'imaginer que nous oserions entreprendre une action si hardie. On marcha toute la nuit à la faveur du clair de lune, qui fut très favorable dans la marche. La tête du détachement du Comte de Lottum étant arrivée, le 24 à 4 heures du matin, sur le bord de *l'Escaut*, on jetta dabord deux ponts, & l'on fit passer une tête d'Infanterie. Le jour commençant à paroître, on fit passer la Cavalerie. Comme il s'éléva un grand broüillard, une patroüille de Dragons du Comte de la Motte, qui étoit à une demi lieüe de là, tomba sur nos gens, & alla dabord en donner avis à leur Général, qui se doutoit deja de quelque chose, a cause de 5 ou 6 coups de fusil qu'une garde d'Infanterie ennemie avoit tirès, lorsqu'elle entendit travailler à nos ponts. Nos Gens se mîrent dabord en ordre de Battaille sur les hauteurs dans la plaine de *Gavre*. Le Comte de la Motte en fit autant à nôtre vüe. Le Comte de Lottum suivant l'ordre qu'il avoit, se mit en marche vers les hauteurs *d'Oudenarde*, pour aller joindre Mylord Duc, à qui il avoit donné avis, de son heureux passage, le Comte de la mothe voyant cette manœuvre, se retira vers *Gand*, étant toujours resté à la distance d'une démi lieüe de nos Gens, n'osant les approcher. L'Armée sous Mylord Duc, & le Comte de Tilly ayant défilé sur deux colonnes vers *Kerckhoven*, l'aîle droite en faisant une, & la gauche une autre, elle eut aussi le bonheur d'y passer, vers les 6 ou 7 heures du matin sur les ponts qu'on y avoit jettés. Mylord Duc fit dabord avancer des troupes vers *Berchera*, qui surprirent & poursuivirent le corps des ennemis, commandé par Mr. de Souternon, qui pressoit de se retirer, & comme les ennemis fuyoient en grande confusion, ce qui leur donnoit des aîles, aux pieds on n'en pût prendre que 5 a 6 cent, & on en tüa environ deux cent. La Cavalerie Hollandoise en poursuivant les François, qui avoient posté de l'Infanterie derriere les hayes & les defilés, perdit aussi quelque monde: mais cela ne passa point cent hommes. Le Brigadier Baldwin réçût un coup de fusil au travers du corps. Mylord d'Albemarle eût un cheval blessé sous lui. De même que le Comte Maurice de Nassau. Le Prince Eugéne n'ayant pû passer à *Escanasse* à cause que le terrain n'y étoit pas propre, se rendit à *Kerckhoven*, & fit suivre ses troupes sur les ponts qu'on y avoit jetté. Celles que les ennemis avoient sur les hauteurs *d'Oudenarde*, sous les ordres de Mr. de hautefort, voyant avancer nos gens, commencérent à plier bagage avec précipitation,

E 2

avant

avant qu’on les pût joindre: ce qui ne peut être crû, & qu’on ne croira jamais dans la fuitte du temps, que des gens fi bien fortifiés, qui avoient fait tant de bruit, qui s’étoient donné tant de mouvements pour nous faire mourir de faim dans leur propre Païs, n’ayent pas défendu un pofte fi avantageux. On ne s’attendoit pas moins de nôtre côté qu’à une action des plus chaudes. Auffi chacun étoit il difpofé à fe facrifier pour fe faire ouverture, pour avoir la communication de *Bruxelles*, & pour le fecourir. Nous leur avons pris dans cette déroute deux étendarts, une paire des timbales, & une très grande quantité de provifions & de bagages. Mylord Duc, & le Prince Eugéne campérent le 27 au foir fur les hauteurs *d’Oudenarde*, excepté une petite partie des troupes de ce Prince, qui retournérent le même foir au fiege de *Lille*, & le détachement du Comte de Lottum campa à *Ename*. Le 28 au matin le Prince Eugéne retourna à *Lille*, & le Comte de Lottum rentra dans l’Armée avec 16 Battalions: mais on avoit détaché 40 Efcadrons pour envoyer à *Bruxelles*, qui réçûrent un contre ordre, par ce qu’on apprit que le Duc de Baviére avoit abandonné fon entréprife. Sur ce révers de la Medaille, vous voyés le Dieu des eaux dans une pofture d’étonnement, d’avoir paffé ce fleuve fans aucun empêchement, & de voir en confufion dans fi peu de temps une Armée, qui étoit beaucoup plus forte que la nôtre. Sur le côté on voit un Lyon qui pourfuit un coq, & qui le fait füir de toutes fes aîles. Au tour on lit ces vers.

JACTABAS QUONDAM CANTANDO FUGASSE LEONEM.

C’eft-à-dire, *ou es tu donc François qui te vantois autrefois que tu avois chaffé avec ton chant le Lyon?* où eft ce chant de ton coq? il ne peut plus chanter, il a perdu fes éperons & fon courage, il ne demande plus qu’à füir. Dans l’Exergue on lit ces autres paroles.

FLUVIUS SCALDIS SUPERATUS HOSTE
ASPICIENTE D. XXVI. NOV. MDCCVIII.

C’eft-à-dire, *que les troupes de Alliés ont paffé l’Efcaut à la vûe des ennemis le 26 jour de Novembre.* 1708.

Voila un autre Medaille que j’ay frappée, fur la rétraite honteufe du Duc de Baviére. Avant que de vous l’expliquer, nous vous donnerons une petite relation. Nous vous dirons que Mr. le Duc de Baviére envoya par un Trompette faire une fommation à Mr. Pafcal Commandant de *Bruxelles*, de rendre la Ville. Voici l’ordre. *Il fommera le Commandant*

de

de la Ville de Bruxelles de se rendre à son Altesse Electorale, qui va l'attaquer avec son Armée & son Artillerie qui arrive. Son Altesse Electorale sçait que le Commandant n'est pas en état de se defendre avec peu de troupes qu'il a. Ainsi s'il oblige son Altesse Electorale de commençer l'attaque, il n'y aura aucune capitulation pour lui, ni pour sa Garnison. Que le Commandant ne se flatte pas de sçauver sa Garnison à Anvers, s'il attend à se rendre, car on veut bien l'avertir qu'il trouvera de l'empéchement à sa rétraitte, le 23 Novembre 1708.

Voila une mémoire qui est assé fier, qui auroit pû faire quelque impression sur un cœur, qui n'ût pas été fidéle à sa Patrie : mais Mr. Pascal avoit l'ame trop grande & trop généreuse, pour se laisser intimider par une fanfaronade, qu'il ne vouloit pas faire comme celui qui lui faisoit faire la sommation, de rendre toute les places au François, comme l'Electeur avoit fait, qu'a present il s'en voit payé car on aime les traités pendant, qu'on en a besoin, ensuite on ne les considérent que pour ce qui sont, il tint toûjours ferme. Il se moqua des ménaces de son Altesse Electorale, & lui donna des marques de sa fidélité, comme vous verrés par la réponse de cette lettre, adressé au Duc de Baviére.

MONSEIGNEUR,

Le Commandant de Bruxelles est bien malheureux de n'avoir pas l'honneur d'être connu de vôtre Altesse Electorale. J'ose l'asûrer qu'il fera tout ce qu'un homme d'honneur doit faire, qu'il est très content de sa Garnison, & qu'il a l'honneur d'être avec un très profond respect,

MONSEIGNEUR,

De vôtre Altesse Electorale,

De Bruxelles ce 23
Novembre 1708.

Le très humble & très
obeïssant serviteur.

PASCAL.

Cette reponse ne plût pas à Mr. le Duc de Baviére. Le lendemain qui étoit le 24 il fit ouvrir la tranchée à un quart de lieüe de la Ville, en-

E 3

tre

tre les ports de *Louvain* & de *Namur*. Le même jour il commença à dreſſer ſes batteries ſur un hauteur qui y eſt ſituée, & continüa à y tra-vailler les deux jours ſuivants. Il s'étoit apparemment flatté que les Alliés étourdis du coup, ne prendroïent pas leurs méſures aſſés tôt, & lui donneroient le temps de faire ſes approches : mais il fut informé que le Prince Eugéne, & le Duc de Marlborough étoient en pleine marche, pour venir au ſecours de la place. Il ſe reſolut coûte qui coûte à rom-pre l'entrépriſe. Il fit attaquer le 27 la contreſcarpe a 9 heures du ſoir, par un gros detachement de ſes troupes, où il fut répouſſé vigou-reuſement. Il envoya des troupes fraîches qui n'eurent un meilleur ſort que les autres, & pour la troiſiéme fois, il fut repouſſé avec encore plus de bravoure que les précédentes. Ce manége dura toute la nuit, ſans que nos braves guerriér ſe rébutaſſent. Au contraire ils étoient enco-re plus animés. Cepandant les ennemis à force d'attaques réüſſirent ſi bien, que le matin ſur les cinq heures ils s'étoient logés ſur le glacis de la Contreſcarpe, mais ils n'y reſtérent pas longtemps ; car à ſix heures les aſſiegés firent une ſortie du chemin couvert l'epée à la main, avec tant de courage & de force, qu'ils chaſſérent les ennemis, & applani-rent leurs ouvrages. Le 27 les batteries des ennemis commencérent, à tirer tout le jour ſur la Ville. On s'étoit préparé à un aſſaut Général, pour la nuit ſuivante ; mais nos Eſpions nous rapportérent tous, un ani-mement que les ennemis ſe hâtoient de plier bagage, & de s'échapper à petit bruit ; & ſur le minuit on fut agreablement ſurpris, qu'au lieu de l'aſſaut au quel ils s'étoient préparés, & dont ils nous ménaçoient, ils marchoient avec précipitation vers *Namur*, par ce que le Duc de Baviére avoit appris, que nôtre Armée avoit paſſé *l'Eſcaut*, & que les Princes de France avoient fait une honteuſe rétaitte : ce qui l'obligea de tout abandonner avec vîteſſe, craignant de ſe voir coupé de toutes parts, ſans trouver aucune reſſource pour ſe ſauver. Il laiſſa 15 pieces de Canon, quatre mortiers, quantité de chariots, & 800 Officiers & Soldats bleſſés, qu'il envoya recommander enſuitte au Général Paſcal, & aux Seigneurs Députés des Etats, ſans compter 600 hommes qui reſtérent dans la neuviême attaque. Quils firent à la Contreſcarpe la nuit du 26 au 27 & nous n'y perdîmes que 350 hommes tués ou bleſſés. Le Duc de Baviére étoit inconſolable, il fut vivement touché de ſe voir proſtitüé de la ſorte, ſans être ſoutenu par une Armée nom-

breuſe,

breuſe, campée le long d'un fleuve profond & rapide, retranchée juſqu'aux dents par de grands abbatis de bois, & par de grandes élévations
de terre, commandée par trois Princes de France qui prirent la fuite
à la vüe de nôtre Armée, qu'on laiſſa paſſer tranquillement ſans faire
aucune tentative pour l'arrêter. Dans une occaſion ſi importante où il
s'agiſſoit de prendre *Bruxelles*, de ſauver la Citadelle de *Lille*, & de
finir une Campagne avec gloire & profit, ils aimèrent mieux la termi-
ner avec honte, de crainte de rétomber dans une ſeconde Battaille. On
peut dire que Mr. le Commandant Paſcal mérite un éloge tout particulier, pour s'être diſtingué d'une maniére ſi heroïque dans une conjon-
êture ſi facheuſe. Cet homme brave & vigilant ſoutint avec éclat ſon
caraêtére de Général : loin de ſe laiſſer épouvanter par les ménaces, il
brava même les ennemis dans le temps qu'ils ſembloient être redoutables, il encouragea ſes ſoldats, & les anima à ſoutenir le choc des
François avec tant de valeur, qu'ils en étoient étonnés eux mêmes, &
admiroient l'intrepidité de nos troupes. Meſſieurs de Renſwoude &
van den Berg députés de leurs Hautes Puiſſances, ſe ſignalérent en cette occaſion, & contribüérent par leur grande vigilance à ſauver la Ville de l'invaſion des ennemis : car loin de s'enretirer, ils y demeurêrent
tranquilles, pourvoyant aux beſoin des ſoldats, les encourageant à
combattre, animant les Grands & les petits à ſuivre leur exemple, leur
inſinuant qu'ils devoient êtrer fidéles à leur Roi Charles 3., & ſacri-
fier leur vie pour l'interet de la cauſe commune : Cequi produiſit un
ſi grand effet, que Généralement chacun s'aquitta de ſon devoir, & les
mal intentionés n'oſérent s'en écarter. Voici la Medaille que j'ay frappée ſur ce ſujet. Vous voyés la Ville de *Bruxelles* en perſpeêtive, & une
viêtoire qui eſt par devant, qui court avec une très grande rapidité, tenant de la main gauche une couronne de laurier pour couronner le Commandant Monſieur Paſcal, & de la droite un Javelot : ce qui nous fait
entendre qu'elle pourſuit les ennemis. Au tour on lit ces paroles.

OBSTABAT STRENUA VIRTUS.

C'eſt-à-dire, *que par la vertu & par la prevoyance du Commandant, &*
par ſa valeur, il a empeché les ennemis de ſe rendre maîtres de Bruxelles.
Dans *l'Exergue*, on lit cette autre Inſcription.

GALLIS FUGATIS OBSIDIO SOLUTA BRUXELL.
XXVIII. NOVEMB. MDCCVIII.

Ce qui fignifie, *les François chaſſés avec confuſion de devant Bruxelles,*
le 28 Novembre. 1708.

R E V E R S.

Vous voyés un ours qui s'en fuit avec des ailes aux pattes, ce qui fait
alluſion au nom de l'Electeur de Baviére qu'on appelle en flamand
(*de Keurvorſt van Beyeren*) & que *Beyeren* veût dire ours ; & cet ours
fuit avec grand deſordre & grande viteſſe, de peur de tomber entre les
mains du Prince Eugéne, qui venoit à lui avec des ſoldats, qu'on peut
dire que c'étoient touts des Ceſars, & des Alexandres par le plaiſir qu'ils
avoient, de marcher a l'ennemi, & conduits, par un ſi grand Capitaine
que le Prince Eugéne, qu'on peut dire d'être un ſecond Jupiter, qui
ne marche jamais qu' accompagnée de ſes foudres, qu'il lance avec im-
petuoſité ſur ſes ennemis, qu'ils ne peuvent le regarder en face, que ſi tôt
que ſon ombre paroit, ils ſont obligés de fuïr. Comme nous le fait comprendre l'Inſcription qui eſt au tour.

EUGENII UMBRA PEDIBUS ADDIDIT ALAS.

Ce qui veut dire, *que l'ombre du Prince Eugéne lui a donné ces ailes au*
pattes.   Dans l'*Exergue* on lit ces autres paroles.

POSTQUAM. DIRUIT. RUIT.

Ce qui veut dire, & qui lui convient fort bien, a cauſe de ſon grand
ambition, qu'il croyoit emporter cette place avec violence & force,
mais qu'il ſuccombe après avoir voulu tout renverſer.

Il a attaqué cette place avec furie comme un ours, qui eſt une be-
ſte

ſte feroce & terrible quand elle eſt en colere, mais facile à terraſſer par addreſſe, & conduite; il me ſemble que ces vers ſe peuvent bien ici rapporter, qu'auſſi bien qu'a *Schellenberg* & *Hogſtedt*, que l'on à fait pour cet Electeur. Les voici comme je les ay reçeû il ſe rapporte fort bien ſur ſon deſeſpoir qu'il a eû de l'affront, qu'il a reçeû devant *Brux-elles.*

> *O rage! ô deſeſpoir! ô victoire ennemie!*
> *Ne m'a tu couronné, que pour cet' infamie,*
> *Que pour voir en ce jour flettrir tant de Lauriers?*
> *Mon bras, qu'on voyoit prét à ſubjuguer l'Empire,*
> *Mon bras, qu'avec reſpect toute la France admire,*
> *Mon bras, qui travailloit à me couronner Roi,*
> *Trahit donc ma querelle, & ne fait rien pour moi!*
> *O cruel ſouvenir de ma gloire paſſée!*
> *Oeuvre de tant de jours, en ce jour effacée!*
> *Chimerique deſſein, fatal a mon bonheur!*
> *Precipice élevée, d'où tombe mon bonheur!*
> *Faut il que Marlboroug juſqu'en ces lieux m'affronte?*
> *Et vivre ſans vengeance, ou bien mourir de honte?*
> *Et toi, de mes Exploits glorieux inſtrument,*
> *Mais d'un Prince interdit inutile ornement,*
> *Faire, jadis tant à craindre, & qui dans cette offence,*
> *M'à ſervi de parade, & non pas de défence,*
> *Va, quitte deſormais le dernier des humains,*
> *Indigne d'être au rang des Princes, des Germains.*

Voici encor une Medaille que l'on a frappée pour lui ſur ce qui ſe voulut faire Roi de Franconie. D'un côté il paroit en buſte avec la legende ordinaire, qui eſt.

AUSPICIIS MAXIMILIANI EMANUELIS ELECTORIS BAVARIÆ.

Ce qui veut dire, *que c'eſt ſous la conduite de Maximilien Emanuel Electeur de Baviére.*

R E V E R S.

On voit la Battaille de *Schellenberg*, *Hogſtedt*, & de *Ramelis*. Sur le côté ce voit cet Electeur, en poſture d'un grand Heros, qui tient le baton de commandement, ſur le milieu ce voit une couronne, qui pend a un fil, & le ſoleil de France, qui darde ces rayons ſur cette couronne, qui en renvoit l'ombre ſur la tête du Duc de Baviére. Au tour on lit cet mots.

NON DIADEMA, SED UMBRA.

Ce qui nous fait comprendre les promeſſes que le Roi de France lui avoit fait, de le faire Roi de Franconie, mais que toutes les promeſſes, *ne ſont pas une couronne, mais ſeulement l'ombre.* Comme cela arrive a a tous ceux, qui ſe laiſſent en trainer dans ce partie, de ce Monarque; dans *l'Exergue* on lit ces autres paroles.

SCHELLENBERG, HOCHSTET, RAMELIACUM ET BRUXELLÆ HAC IPSUM LAUREA DONANT.

Ce qui nous fait comprendre, *que ces Battailles de Schellenberg, Hoch-ſtedt, Ramelis & Bruxelles, lui ont donné cette couronne.*

Nous reprendrons nôtre relation. J'ai encor frappée cette autre Medaille ſur la priſe de *Gand*, nous vous ferons une petite relation du ſiege. Après que les François furent ſortis de la Citadelle de *Lille*, les
Princes

Princes & les Seigneurs Deputés de l'Etat tinrent un conseil, où ils resolurent de ne point entrer en quartier d'hyver qu'ils n'eussent pris *Gand* & *Bruges*, & chassé les ennemis de toute la Flandre Espagnole. Pour cet effet le Duc de Marlboroug marcha de Berleghem à Melle & Merlebeeck le 11, & il y fut suivi le 16 par le Prince Eugéne, qui étoit parti de *Lille* le 13 avec les troupes Allemandes. Le Prince de Nassau Général de l'Infanterie de cet Etat, s'y rendit de même le 17 avec 20 Bataillons & 30 Escadrons, & dés lendemain 18 on commença à distribuer les troupes dans les divers postes qu'elles devoient occuper: de sorte que le 20 la Ville fut entiérement investie. Mylord Duc eût son quartier à Meerlebeck, le Prince Eugéne le sien à Melle, où le Comté de Tilli fut aussi logé, & le Prince de Nassau prit le sien à trois quarts de lieües de delà sur le grand chemin de pierre, plus proche de la Ville. Outre cela, on forma un camp d'observation du côté de Grammont sous le cammandement du Comte de Nassau Weilbourg. Ce camp étoit composé pour la plus part de troupes Imperiales, aux quelles le Comté d'Athlone s'étoit joint avec 15 Escadrons des troupes de l'Etat. Il arriva cependant de Hollande quantité de Canons, de Mortiers, & d'autres dependance d'Artillerie, qui avoient été amenés en bateau par Anvers & par le Bas Escaut. Il en vient aussi de *Lille*, & tout fut voituré si à propos par eau & par terre, que l'on se trouva en état de commencer le siege le 24. Les habitans de *Gand* n'attendirent pas si long temps pour venir implorer la Clemence de nos Généraux, le 27 il vint des deputés du Magistrat & du Clergé, qui suppliérent Mylord Duc d'avoir compassion de leur Ville, & de vouloir épargner les Eglises & leurs maisons, en n'y faisant jetter ni bombes, ni boulets rouges. Mais Mylord leur répondit que comme ils s'étoient attirés eux mêmes leurs disgraces par leur propre faute, il ne leur restoit plus d'autres moyens de l'éviter, que de rentrer dans leur devoir, en prenant les Armes pour le service du Roi Charles III. ils répondirent que cela n'étoit pas en leur pouvoir, par ce qu'ils étoient dominés par une nombreuse garnison d'Infanterie, & de Cavalerie, & que tout ce qu'ils pourroient faire seroit de ne laisser en aucune maniere; sur quoi Mylord Marlboroug leur dit, que si cela étoit ainsi, ils devoient croire que l'on employeroit toutes sortes de moyens pour les ramener à l'obeïssance de leur legitime Souverain. Il ajoûta qu'il sçavoit,

voit, qu'il y avoit dans la place quelques Regiments Espagnols & Walons, & qu'il les chargeoit de leur dire que s'ils vouloient abandonner le parti des ennemis, & venir se rendre à nous, il leur promettoit quils seroient dabord reçûs au service du Roi Charles dans le même rang, & dans le même poste qu'un chacun d'eux occupoit. Les Deputés n'ayant rien pû obtenir davantage se rétirérent, & plusieurs Dames intimidées sortirent de la Ville de *Gand* avec passeport, pour aller à *Bruxelles*. Cependant l'Artillerie & les autres munitions de guerre continüoient d'arriver, & les ennemis tiroient tous les jours leurs Canon sur nos postes, sans nous faire beaucoup de mal, par ce qu'ils étoient pour la plus part hors de portée. Le Prince hereditaire de Hesse-Cassel arriva de *Bruxelles* avec le Prince Guillaume son Frere, pour avoir part à la gloire de se second siege, comme il avoit eû à celui de *Lille*.

Le 24 on fit un détachement du Corps que commandoit le Prince hereditaire de Hesse-Cassel, & de celui du Duc de Wittenberg commandé par le Comte d'Oxenstiern, pour aller attaquer le Fort de *Roodenhuyse*, sitüé sur le Canal du *Sas de Gand*, & qui nous étoit necessaire pour la communication. Le soir de ce même jour, on ouvrit la tranchée devant *Gand* à l'attaque du Comte de Lottum. Mr. le Général Fagel fut commandé pour cela avec sept Battalions, & la chose réüssit si bien, que nos gens avoient deja travaillé une demie heure avant, que les ennemis en fussent avertis. Et sans deux deserteurs, qui leur en portérent la nouvelle, peut être n'en auroient ils rien sçû que le lendemain matin! on tira cette nuit la un parallelle de mille pas ou environ, & nous n'y eûmes pas plus de 50 hommes de tüés presque tous simples soldats, les blessés furent au nombre de 70, entre lesquels se trouvérent le Colonel Gersuch, & le Lieutenant Colonel Mortagne. Le 25 au soir le Général Major Murray ouvrit pareillement la tranchée, avec quatre Battaillons 600 chevaux, & 1400 travailleurs à l'attaque du Duc de Wittenberg, & le Brigadier Evans aussi avec 4 Battaillons, & 600 chevaux à l'attaque du Prince de Hesse-Cassel. On tira à l'une & à l'autre des parallelles de 700 pas, & la perte y fut fort petite. Mais le 26 au matin les ennemis ayant fait une sortie de 2000 hommes, à la faveur d'un broüillard fort épais, surprirent deux Battaillons Anglois presque endormis, en tüerent quarante ou cinquante hommes, & prirent le Brigadiers Evans prisonnier. Ce fut là toute leur expedition,

par-

parceque les Regiments de Naſſau Woudenbourg, de Heſpe, & d'Es
vinrent dabord au ſecours, & les pouſſérent. Le 27 le Colonel Schra-
vemoer arriva à l'Armée venant du détachement devant le Fort de *Ro-
denhuyſen*, & rapporta que le ſoir précedent la garniſon forte de 200
hommes, s'étoit rendu priſonniere de guerre, on l'avoit canonnée, & bom-
bardée preſque tout le jour.

Le 28 & le 29 on pouſſa conſiderablement les travaux devant *Gand*,
& les Batteries ayant été miſe en état, on ſe diſpoſoit à faire le lendemain un terrible feu ſur la Ville, avec des bombes & des boulets rouges. On avoit 86 pieces de Canon, 20 gros Mortiers, 18 Haubits,
& 57 petits Mortiers a Grenade, la Poudre, les Boulets, les Bombes, ni les Grenades ne manquoient point, non plus que les autres choſes neceſſaires, & l'on s'attendoit dans toute l'Armée a voir en peu de
jours la Ville ſevérement punie de ſa rebellion, mais ſur le ſoir, on fut
ſurpris de voir venir un Deputéz de la Garniſon, dont les propoſitions
empêchérent cette Ville d'être deſolée. C'étoit le Prince d'Iſenguin
Brigadier, Mr. de Cano auſſi Brigadier, & Mr. le Comte d'Abigny
Colonel, ils demandérent a capituler, mais à conditions qu'ils auroient
quatre jours pour attendre le ſecours, & qu'apres cela ils pourroient ſortir avec toutes les marques d'honneur, mais le Duc de Marlboroug
leur accorda le dernier point, & refuſa la premiere demande, ſur quoy
ils retournérent dans la Ville le 30 au matin, les aſtages furent donnés
de part & d'autres, & le ſoir la capitulation ſut ſignée par le Duc de
Marlboroug, & par les Seigneurs Deputéz des Etats. La Garniſon
ſortit avec armes, Bagages, Drapeaux deployées, Trompettes ſonnan-
tes, & ſix pieces de Canon, & de quoy tirer chacun ſix Coups, & que
le Magiſtrat obtint de ſon côté la confirmation de tous ſes privileges de
la maniere dont il en jouiſſoit au temps de Charles deuxiéme ce qui ſur-
prit bien du monde: car ils ne meritoient pas une ſi bonne capitulation
par leur rebellion, cela fut ſigné le 1. Janvier au nom & ſous le conſen-
tement du Roi Charles troiſiéme; le deuxiéme à midi; la garniſon Françoiſe ſortit de la Ville, & paſſa au travers de quelques troupes que l'on
avoient rangées le long du chemin. Elle ſe trouva forte de 35 Battaillons,
& de 19 Eſcadons faiſant enſemble environ 14000 hommes, mais il
en deſerta 2000 à la ſortie la plûparts Eſpagnols, & Walons, les quels
demandérent ſervice dans les troupes du Roi Charles. Le Canon &

F 3

le

le Bagage marchoient devant, puis le Comte de la Motte fuivoit à la tête de fa Garnifon. Il paffa devant le Duc de Marlboroug, le Prince Eugéne, les Deputéz des Etats, & plufieurs autres Généraux, les uns & les autres fe faluérent reciproquement, on à trouvé dans la place beaucoup de Canon, & de munition de guerre; on fit entrer dans la Ville les troupes, qui étoient deftinées pour en prendre poffeffion, & pour y refter en garnifon; le Duc de Marlboroug y vint, auffi fur le foir incognito & il y coucha, le lendemain il retourna à l'Armée pour donner lieu à la reception que les Magiftrats lui preparoient. Il fit fon entrée publique fur le midi il fut reçeu à la porte de St. *Laurens* par le corps des Magiftrats, qui lui complimentérent, & lui prefentérent les clefs dans un baffin d'or, il les reçut mais il les remit au même moment dans le même baffin, enfuite il fut conduit par les Magiftrats à la maifon de Ville, au travers de la bourgeoifie, qui étoit rangée en hayes le long des rues. La on lui donna un magnifique feftin. On traitta auffi les Deputés de l'Etat, & les principaux Généraux. Ce repas magnifique fut fuivi de **Thée**, de **Caffé**, & d'autres rafraîchiffement. Le foir on illumina le clocher de la maifon de Ville. Il fe fit auffi beaucoup de réjouiffances, & de feux de joye en divers endroits de la Ville. Sur tout par ceux, qui font dans l'interét du Roi Charles, qu'on appelle les Cuiraffiers. Car dans toutes les Villes de Pais-Bas, il y a deux partis, l'un affectionné à la maifon d'Aûtriches, & l'autre affectionné au Roi Philippe, que l'on nomme Carabiniers. Cette Ville eft fituée fur trois Riviéres. Plufieurs canaux coupent la Ville, & forment plufieurs Iles aux environs. Les François n'ont pas longtemps confervé leurs conquêtes. Cette perte & celle de *Lille* leur doivent faire perdre toute efperance de pouvoir obtenir la paix. Il faudra qu'ils la demandent, & qu'il fignent les condition que les Alliés voudront bien leur accorder. C'eft le fujet de cette Medaille que j'ay frappé fur cette prife on y voit au milieu d'un parc la pucelle de *Gand* affife ayant près d'elle un Lyon, qui eft le fymbole ordinaire de cette Ville. Elle eft au pied d'un trophée, dans le quel il y a un étandart, ou font les armes de France. Au tour on lit cette legende.

SPES ET OPES HOSTIUM REBELLIUMQUE FRACTÆ.

C'eft-à-dire, *que l'efperance des rebelles, & les forces des ennemis ont été détruites.* Dans *l'Exergue* on lit cette autre Infcription.

GAN-

GANDAVUM RECUPERATUM,
D. XXX. DECEPIB. MDCCVIII.

Qui signifie, *la Ville de Gand a été reprise le 30 de Decembre.* 1708.

R E V E R S.

Ce revers auroit le lion d'Hollande dans son Jardin. Que nous vous avons deja expliqué si devant. Cette autre Medaille a été frappée à Nurnberg par Mr. Caspar Theophile Lauffer, sur la correspondance, que les François avoient sur *Gand* & *Bruges*, par les traitées qu'ils avoit dans ces places, & autres qu'il croyoit surprendre, de même a *Oudenarde*, ou il ont été trompé par l'heureuse Battaille, que nous y avons remporté, d'un côté paroit un homme, qui est assis au pied d'un arbre, & qui tient un fil, au bout du quel il y a un hameçon ou il y a un morceau de pain qu'il jette a ce cocq, qui vient avec avidité le prendre, qu'il ne l'a pas plûtôt avallé qu'il se trouve pris, ce qui nous fait fort bien comprendre, que toutes les conspirations & trahisons que les François ont fromantées, leur sont tourné a leur confusion, & a leur perte, comme nous le fait fort bien entendre l'Inscription qui est au tour.

VÆ TIBI LUDENTI, NAM MOX POST JUBILA FLEBIS.

Ce qui nous fait comprendre les grandes espoirs qu'ils avoient sur leurs correspondances, mais qu'il ne leur ont tourné à rebours & qu'on leur peut dire, *malheur à toy, qui te rejoüis; car bien tot tû pleurera.* Ils ne l'ont que trop vû pour eux, avec confusion qu'ils avoient bien

pro-

proposées mais que Dieu en n'a disposée autrement, ne pouvant soute-
nir les fourberies, dans l'exergue on lit ces autres paroles.
GALLI GANDAVO ET BRUGA CAPTA ALDENARDAM
OBSESSURI VINCUNTUR XI. JUL. MDCCIIX.
Ce qui veut dire, *les François voulant après la prise de Gand & Bruges
attaquer Oudenarde & y sont defaits le 11 Juillet. 1708.*

R E V E R S.

On voit deux Heros qui sont le Prince Eugéne & Milord Marlboroug, qui tiennent chacun d'une main une couronne de laurier, & de
lautre ils ceüillent d'un tige de fleurs lis, un lis, pour orner leurs couronnes, ce qui fait allusion, a la prise de *Lille* du passage de *l'Escaut,* de l'honteuse retraite des Princes de France, & du Duc de Baviére de devant
Bruxelles comme nous le fait entendre l'Inscription qui est au tour.
AD EXORNANDAM LAUREAM.
Ce qui veut dire, *c'est pour en orner nôtre couronne.* Dans *l'Exergue*
on lit. EUGENII ET MARLEBORUGII CONJUN-
CTIO, GALLORUM DISSIPATIO. Ce qui veut dire,
*le Prince Eugéne, & Milord Marlboroug s'étant joint ensemble causent la
déroute des François.*

J'ay frappée cette autre Medaille pour l'evacuation de *Bruges* de
Plassendaal & de *Liffingen*, ce fût le 3 Janvier 1709. que les Deputés
arrivérent à *Gand,* pour faire la soumission de leur Ville. Milord Marlboroug

boroug les reçût fort civilement. Il envoya auſſi tôt un detachement des troupes pour en prendre poſſeſſion : mais pour *Plaſſendaal* & *Leſſingen*, à peine les François l'eurent ils abandonné, que le Gouverneur *d'Oſtende*, qui étoit fort vigilant ſur leurs mouvements, en fit prendre poſſeſſion, il faut que les François ayent été dans une étrange confuſion pour l'abandonner de la ſorte, ſans nous obliger de les attaquer, *Leſſingen*, que le Duc de Vendôme n'avoit pû prendre qu'aprés huit jours de trenchée ouverte, encore y perdit il mille nommes ? Il nous l'abandonne ſans y perdre un ſeul homme. Ainſi nous ſommes dévenus les maîtres non ſeulement de toute la Flandre Eſpagnole, mais encore d'une partie de la Flandre Françoiſe, nous ſommes maintenant bien avancés vers les frontiéres rédoutables, dont ce Monarque s'étoit fait un rempart inacceſſible, & formidable, & d'où il eſt ſorti ſi ſouvent pour troubler le repos de toutes l'Europe. Il faut eſperer que Dieu nous fera la grace à nôtre tour, de porter nos armés dans ſes propres états, & de faire de ſon Païs le theatre de la guerre, afin de faire ſentir à ſes peuples idolatres & à ce Monarque les mêmes maux, qui nous a fait endurer.

Dans cette Medaille que j'ay frappée, on void un coq qui füit à la vûë d'un Lyon, qui tient d'une de ſes ſerres un *Gand*, qui fait alluſion à la Ville de *Gand*, que l'on a priſe, & que cette priſe oblige les François d'abandonner leurs places. Au tour on lit cette legende.

NEC CANTUS, NEC NUMERUS.

Ce qui nous fait entendre, *que ce coq qui füit n'a ni chant ni voix :* ce qui marque le deſordre, & la confuſion, qui regne parmi les François.

R E V E R S.

On voit une cartouche de laurier dans le quel est enfermée cette Inscription.

**GALLI BRUGAS, LEONIS VALLEM,
ET LEFFINGAM, TERRORE PANICO
COMPULSI, DESERUNT II. DIE JANUARII
M. D. CCVIII.**

Ce qui signifie, *que les François ont abandonné Bruges, Plassendaal, & Leffingen par un terreur panique.*

Fin de la Campagne de l'année. 1708.

RELATION
DE LA
CAMPAGNE

de mille sept cent & neuf avec l'Explication de toutes les Medailles frappées a son occasion.

O N peut dire, que cette Campagne & la precedente, ne sont qu'une même Campagne, puisque les troupes ne se separérent, que le quatriéme de Janvier de cette année, pour entrer dans les quartiers d'hyver, qui leur étoient assignée. Les troupes Danoises eurent le leur à *Bruges*, les Anglois a *Gand*, le Comte de Tilli fût mis à *Liege*, pour y commander, le Comte d'Albemarle à *Louvain*, & le Comte de Lottum dans les Villes de la Meuse, & dans le pays de Cologne, le Prince Eugéne, Milord Duc de Marlboroug, Milord d'Albemarle, & plusieurs autres Officiers Géneraux partirent de *Bruxelles*, le neuviéme de Janvier, pour se rendre a la *Haye*; Ils arrivérent le même jour à *Anvers*; Ils passérent la meuse glacée à *Gorcum*, ou Monsieur van Hoey, Pensionaire de la Ville, les reçut avec une politesse particuliere. Ils arriverent le même jour qui étoit le dousiéme à *Rotterdam*, & arriverent le lendemain à la *Haye*, ayant fait tout leur voyage avec le froid d'une hyver extraordinairement rigoureux. Ils furent complimentés au nom des Etats Généraux, & des Colleges, & le seisiéme on celebra le jour de prieres ordonnées pour remercier Dieu dàns toutes les Provinces des heureux succes de la Campagne, qu'on venoit de finir. Le Prince Eugéne partit de la *Haye* pour la cour Imperiale d'où il fut de retour à *Bruxelles*, pour le vingt-septiéme dé mars, & de la à la *Haye* le septiéme avril. Comme il y avoit des projets de paix sur le tapis, Milord Marlboroug y arriva aussi *d'Angleterre*

dés

dés le lendemain; les Etats Généraux s'étant cepandant toûjours appliqués à faire les preparatifs pour la Campagne future, ayant pour cet effet nommé tous les Officiers Généraux, qui devoient servir dans leur Armée, & fait toutes les autres dispositions necessaires en semblable rencontre. Le quatriéme de May on vit arriver à la *Haye* Monsieur le Marquis de Torci, Envoyé du Roi de France, pour traiter la paix, & ouir les conditions, sous lesquelles les Alliées étoient disposés à la faire. Ceux ci avoient conçû & étoient convenûs d'un nombre d'articles Preliminaires, sur les quelles ils vouloient sçavoir la resolution du Roi, avant que d'entrer en aucun traité ulterieur: & c'étoit pour les régler de commun accord, que le Prince Eugéne avoit fait le voyage de *Vienne*, & Milord Duc celui *d'Angleterre*, & en avoient rapporté le consentement de l'Empereur, & de la Reyne de la Grande Bretagne celui dans l'ésperancé, que ces Preliminaires seroient acceptés, envoya quelque temps après le retour de Milord Duc deux patentes passées sous le Grand sçeaux, une pour lui & l'autre pour le Viconte de Townsend; par les quelles ils étoient constitués Ambassadeurs, & Plenipotentiaires pour traiter & conclure une paix Générale au nom du Royaume de la Grande Bretagne, devant de communiquer les Preliminaires concertés au Marquis de Torci, & à Monsieur le President Roüillé, que le Roi très chrêtien avoit nommé pour ajoint au Marquis, Les Princes Eugéne, & Marlboroug usérent les honetetés de la visite accoutumée, que le Marquis leur avoit fait. Après quoi on commença à tenir des conferences, les unes dans l'appartement du Prince Eugéne, & les autres chèz le Grand Pensionaire Heynsius, toûjours avec l'assistance de ceux qui devoient y avoir part, jusqu'au depart de Monsieur le Marquis de Torci pour Versailles: Comme ces Preliminaires contenoient beaucoup des choses rudes à la France, les Ministres de cette couronne, sçavoir le Marquis & le President disputérent autant qu'ils purent, & firent tous les efforts possibles, pour les addoucir & pour les changer: Mais les Alliés ne croyant pas de pouvoir faire une paix seure & honorable, après les engagements pris, sans obliger la France à les accepter tels qu'ils les avoient reglés, ils ne purent se laisser persuader à y rien changer, & persistérent à les vouloir obtenir du Roi, tels qu'ils les avoient proposés. En effet il faut convenir de bonne foi, que si le Roi très chretien croid, qu'il lui seroit honteux de souffrir, que son petit

fils

fils quitta le Throne & la Monarchie *d'Espagne*, ou il l'a placé aprés
toutes les renonciations, & les traités les plus solennels par les quels il
avoit reconnu, & abdiqué les droits qui pourroit sur venir, à lui & à
sa posterité; les Alliés n'ont pas de moindres raisons, de faire restituer
à la maison d'Aûtriche la Monarchie *d'Espagne*, qui lui appartient, sans
le secours de toutes ces petites finesses avec les quelles on jette de la
poudre aux yeux des petits gents, & par le seul motif de l'équité, & de
l'interest de toute l'Europe, dont la paix ne peut subsister, & que l'equili-
bre des deux prémieres puissances étoit absolument detruit, en relachant
quelque partie un peu considerable de cette grande succession à la France, & en privant la maison d'autriche : Ce qui est surprenant au sujet
des conférences tenues à la *Haye*, & qui surprit effectivement toute l'Europe, est, que les Ministres François après avoir fait tout leurs efforts,
selon les instructions qu'on sçavoit bien qu'ils avoient, pour faire changer les Preliminaires, temoignérent d'être disposés à les accepter comme
un moyen indispensable pour procureur a la France la paix, dont tout
le monde sçait, qu'elle a grand besoin, & que le Roi temoigne de sou-
haitter si fort, ils refusérent de les signer, & faisant comme les Dépu-
téz des Cantons Suisses, les prirent seulement *ad referendum*, & partirent pour en donner part au Roi, comme si celui ci des le jour qu'il en
reçût les prémiers avis, n'avoit pas eû le temps d'y penser, & de leur
en écrire ses sentiments, & qu'il fut besoin de les lui faire de nouveau
examiner. Le Marquis de Torci partit de la *Haye* le vingt-huitiéme
May, c'est-à-dire après avoir conféré avec les Ministres des Alliés pendant trois semaines, & à ce depart bien des gents s'imaginérent que la
paix alloit bien-tôt suivre, fondée sur la coutume Générale, que quand
les Députez à un traité, sont toûjours munis de pouvoirs suffisants, pour
conclure, se retirent sans rupture Manifeste, c'est signe que les choses
traités sont conclües, & qu'on en va bien-tôt voir l'effet. C'est ce qui fut
cause du bruit qui se repandit par tout, que la paix étoit deja comme
concluë, puisque les Preliminaires qui contenoient, & regloient le sujet principal, qui avoient donné lieux à la guerre, étoient arretéz. Mais
d'autres ne furent pas si faciles à se flatter, faisant attention à la conduite, qu'a toûjours tenu la cour de France, de faire les derniers efforts
avant que de rien ceder, & qui a toûjours fait un très grand fonds sur
les bénefices du temps, qui pût en un moment deranger les choses les

G 3

mieux

mieux concertées, ils crurent, & ne furent point trompés, que la France qui des le commencement de cette guerre, n'avoit laissé depasser quasi aucun hyver, sans faire de nouvelles propositions de Paix, avoit encor voulu celle ci à amuser le tapis par l'envoy de ses Ministres, se flattant d'un succés tant plus favorable, que cet envoy paroitroit une marque d'autant plus convainquante de sa bonne volonté, qu'il la donnoit avec plus d'éclat, & de disposition apparente à se soumettre; au lieu qu'il n'avoit autrefois employé, que des moyens sourds & secrets pour accrocher un traité.　　Une autre avantage, qu'on ne peut guerre douter, que la cour de France n'ait eu en vuë, est de suspendre les preparatifs de la Campagne, & de faire relacher quelques uns des Alliés, & les Provinces Unies en particulier du soin & de l'attention, à se preparer à la continuation de la guerre. Elle sçait que ces Provinces n'estant entrées dans la haute Alliance, qu'avec le dernier regret, & quand elles ont vû la liberté de l'Europé absolument esclave, du pouvoir d'un seul homme, elles souhaitent la paix plus que toutes les autres puissances: ce qui l'a flatté, que comme on croid volontiers ce qu'on souhaitte beaucoup, que les Etats Généraux s'ecrieroient les premiérs de son procedé, & tout au moins dans l'esperance d'une prochaine paix, ils laisférent aller les choses à la bonne foi, & par principe d'économie negligérent des provisions de grands fraix, & ainsi seroient plus faciles à être vaincus, après avoir été trompéz.　　Mais la disgrace des menteurs est, que les hommes sages ne leur prétent plus aucune foi, quand même ils disent la verité : ce qui fut cause que les dispositions à la continuation de la Guerre, n'en furent pas moins vigoureuses, & que la France seule par son procedé double, & amphibié, a ressenti le contrecoup de sa finesse, & a toûjours plus confirmé le monde dans l'opinion, qu'elle traite de mauvaise foi, qu'il ne faut s'y fier, que quand elle est hors d'état de manquer de parole.

C'est sans doute un de ces Esprits défiants, qui a fait frapper sur ce sujet une Medaille, qui represente assés bien l'état des affaires. On y voit d'un côté le Roi de France, assis sous un pavillon semé de fleurs de lis, qui tient à la main une ligne de pecheur, dont l'hameçon a pour appas un écriteau, ou est écrit le mot de P A X, c'est-à-dire, les propositions de paix.　Comme son siege est elevé sur une Estrade un peu elevée, on voit un serpent qui rampe sur cette Estrade, & cherche à

se

fe placer fous le fiege du Roi, c'eft pour exprimer le danger qu'il y a, à fe fier aux difpofitions apparentes, que le Roi temoigne à la paix, & ou fe rapportent les mots gravés dans *l'Exergue.*

ALIQUIS LATET ERROR.

Ce qui veut dire, qu'il faut craindre quelque fraude cachée, fous les propofitions de paix, qui fait ce Monarque. A fon côté on voit une mi-nerve, qui tient d'une main fon bouclier, & fa lance de lautre, & fi près de l'eftrade du Roi, que fa robe y touche. On voit en eloignement trois Hollandois vetus; l'un en Magiftrat, l'autre en homme d'epée, & l'autre en matelot, à la rencontré des quels vient un François, qui leur pre-fente un cœur entortillé en un ferpent. Le François eft connu par une fleur de lis appliquée fur fon dos, & par fes cheveux femblables à ceux de Medufe: La legende qui eft au tour de cette Medaille eft,

NE CREDITE BELGI.

Ce qui veut dire, *ne vous fiés point Hollandois*, à cet homme, qui montre d'avoir des manottes à fes pieds, pour fpecifier encor davantage ce que doivent ceux, qui deviennent ou fujets, ou amis de la France.

R E V E R S.

Sur le revers on voit les fept Provinces Unies, reprefentées fous l'em-bléme

bléme du faiſſeau de fléches, appliqué à un piedeſtal rond, autre ſimbole de leur union. Sur ce piedeſtal on voit une Bible, & ſur la Bible
un chapeau, marque de la liberté. Au deſſus du chapeau on voit une
main, qui tient une épée nuë entrelaſſée d'un billet, ou cette deviſe
eſt écrite.

ANIMIS, OPIBUSQUE PARATI.

Ce qui ſignifie, *que ces Provinces ont le courage*, & les forces de defendre leur liberté. Ce bras & cette epée ſont environnées des rayons
de lumiere, pour montrer que leur reſolution leur eſt inſpirée du ciel,
& dans l'air on voit deux nüages, comme fondus par ces rayons, d'ou
tombent quelques branches d'olivier, entremelées de manotes & des
ſerpents. Le terrein repreſente une Ville marquée GENUA, & un
payſage, ſur le quel ſont gravés ces mots PALATIN. RHENI.
BELG. HISP., qui ſignifient le Palatinat du Rhin & le Pays-Bas
Eſpagnols avec cette legende au tour.

FELIX, QUEM FACIUNT ALIENA PERICULA CAUTUM.

Ce qui veut dire, *heureux celui, qui les malheurs d'autrui rendent ſage.*
Paroles appliquées aux maux, qu'ont ſouffert la Ville de Génes, le Palatinat, & les Pays-Bas Eſpagnols, quoi qu'ils s'en crûſſent à couvert,
ſous l'ombre de la paix, que la France faiſoient ſemblant d'avoir avec
eux, quand elle les a le plus maltraité. Dans *l'Exergue* on lit encor cette Inſcription.

SECURIUS BELLUM PACE DUBIA. MDCCIX.

Ce qui exprime. *Qu'il y a plus de ſeureté la à continuation de la guerre,*
que dans une paix douteuſe, que le Roi de France s'en fait une habitude
de violer toutes les fois, qu'il le juge à propos pour ſes interêts.

Un, ſoi diſant, Secretaire du Cabinet des Princes, mais qui n'eut
jamais de commerce, qu'avec les nouvelliſtes du plus bas étage du peuple, & quelques malins, qui lui fourniſſoient des pieces, dont il farcit
la reproche, qu'il debite touts les mois, a eû la hardieſſe, d'avancer dans
ſon mois de Juillet, que la France avoit fait elle même des propoſitions,
qui avoient parû très raiſonnables aux Provinces Unies, mais qui furent
rejettées par les puiſſances, qui trouvent leur profit dans la continuation de la guere, puis qu'il ſe vante d'avoir la clef du Cabinet des Princes, il devoit bien les communiquer lui même au public, affin d'obtenir au moin en ceci une partie de ce qu'il pretend uniquement, dans

touts

touts ſes memoires, ſçavoir de rendre odieux la conduite des Alliés, en donnant le moyen à tout le monde, de juger, comme il dit, qu'avoient fait les Etats Généraux, de l'equité de ſes propoſitions. C'étoit à quoi il étoit indiſpenſablement obligé pour ſon honneur, s'il ne vouloit pas qu'on crût que ce qu'il avançoit du pain de la même farine, que touts les autres Impoſtures dont il repait le public, avec tant de ſatisfaction de ſon petit eſprit, qui fier du debit de ces pretendus ſecrets, s'en applaudit comme d'une ouvrage d'importance, ſans prendre garde, ou vouloir reconnoître, qu'on les achette comme on achette les Almanachs, pour rire de la vanité de ſes predictions, ſe trouvant toûjours en reſte le mois ſuivant, de ce qu'il a avancé dans le precedent, & inſpiré par ſon mauvais genie, à dire de nouvelles pauvretés, qui ne ſe trouvent dans la ſuite pas plus vrayes, que les precedentes; la verité eſt donc, que le Roi très Chrêtien n'a fait aucunes propoſitions aux Alliés pour avoir la paix, car à moin que d'offrir la reſtitution de la Monarchie d'Eſpagne, il ſçait bien que la guerre, n'ayant été entrepriſe, que pour le contraindre à s'en deſaiſir il n'y a rien à eſperer pour lui, d'ailleurs le nom de *reſtitution* ne ſe trouve en aucun Dictionaire François, de tous ceux qu'on à imprimé des le commencement du ſiecle paſſé: & c'eſt une parole qui lui eſt inconnuë, à moin qu'on ne lui apprenne par la force, ſans la quelle il ne le ſçaura, ou pratiquera jamais. Cependant on peut-dire que le retardement qu'il apporte à cette reſtitution, eſt ce, qui fera, qu'à la fin il n'aura plus rien non ſeulement à reſtituer, mais même à poſſeder; ſon propre Royaume courant au grand galop à la pauvreté, à la miſére, & au rien. Grace au ciel, les Alliés en continuant de vaincre, le reduiſent peu à peu au premier; & les fleaux du ciel, & les exactions qu'il fait ſur ſes ſujets, pour continuer des efforts, qui à la fin auront touts été inutiles, le ménent au ſecond, il faut ouïr ſes peuples & les plaintes, qu'ils font tous les jours de la rigeur des impoſitions qu'ils endurent, convaincus par leur propre aveu. En voici quelques unes venu de la, qu'on peut croire d'autant plus ſinceres, qu'il y a moins d'air & d'étude dans l'expreſſion.

Ah! pauvre France deſolée
Et ſans eſpoir d'aucun repos!
Que des Tyrans tiennent foulée
Par un nombre infini d'impots,

H

Grand

Grand Roi, pour être soûmise
Faut il qu'elle meure de faim?
Et si elle est sans chemise,
Du moin souffré qu'elle ait du pain.
Vôtre conseil n'est pas dans l'ordre,
Ce n'est qu'un demi President,
Qui cause tout nôtre désordre
Par son aveugle jugement.
Bien souvent pour trop entreprendre,
Un Roi perd l'éclat de son nom.
Vous seriéz un Grand Alexandre
Sans les amis de Maintenon.
Grand Roi pour faire des conquêtes
Vos Marechaux ont eu des bras,
Mais ils ont besoin d'autres têtes
Pour triompher dans les combats.
Ah! que vôtre ame est abusée
De dans le choix de vos guerriers.
Faut il qu'une vieille rusée
Fasse fletrir touts vos lauriers?
L'on peut, sans être satyrique,
Trouver ce regne asséz comique,
En voyant aujourd'huy une vieille catin,
Regir absolument un si superbe empire.
Si nous ne mourions pas de faim,
Il nous faudroit crever de rire.

Autres Pieces.

Lors qu'après les rigeurs d'une hyver effroyable
Nous croyons de gouter les douceurs du printemps,
Nous voici à la pluye, au vent désagreable:
Qu'el diable est ce qui gouverne le temps?

La suivante fût trouvée sur le piedéstal de la statuë equestre du
Roi, placée dans la place de Vandôme.

Passant qui voit cette effigie,
Sçais tu ce qu'elle signifie?
Louis du bout du doigt montrant.

Les

Les Capucins du Grand Couvent,
Peuples, dit-il, par la besace,
Les Capucins gagnent les lieux,
Pour vous obtenir cette grace,
Je vais vous reduire comme eux.

Cette autre a été trouvée sous la statuë du Roi erigée dans la
place des Victoires.

Vien la Feuillade, & nous dechaine
Les quatre peuples languissants ;
C'est à tort qu'ils sont à la gêne,
Puis qu'aujourd'hui tu les vois triomphants.
Ah que la France est malheureuse,
Vit on jamais rien de pareil ?
Je crains fort qu'une paix honteuse,
Ne fasse eclypser son soleil.

Ces autres ont été trouvées dans l'appartement de Versailles.

Des Papiers pour Ducats,
Des Poltrons pour Thurenne,
Une catin pour Reine,
Un Roi l'esprit tirant au bas.
Ne m'entendé vous pas ?

David à l'amour succomba,
Salomon en fût idolatre,
Chaçun sçait qu'Hercule fila :
Cesar brula pour Cleopatre,
Mais les Maîtresses de ces Grands,
N'avoient pas soixante & quinze ans.

Sire vous auriés pû aspirer à la gloire
Des Heros de l'antiquité,
Et toute la posterité
Avoit pû s'occuper à lire vôtre Histoire
Mais Villeroy, Tallard, la feuillade, & Thessé,
En Espagne, en Piemont, en Allemagne & en Flandre,

Ont

Ont surpassé Cesar, & le Grand Alexandre,
Ils vous ont effacé.

On dit que c'est à tort qu'on vous blâme,
Des maux, que vos sujets souffrent de tous côtés,
Et que c'est le conseil d'une certaine Dame,
Qui interrompt le cours, de vos prosperités;
Si la chose est ainsi, permetté qu'on vous dise
Deux mots la dessus seulement:
Quitté la cette vieille, elle n'est plus de mise,
Ou donné au Dauphin vôtre gouvernement.

Depuis près de trente ans, sans aucune justice,
Il nous fait tant souffrir, par sa malignité,
Qu'on ne le peut aimer, sans aimer l'injustice,
Ni le louer sans hair l'equité.
Il a reduit les uns, à porter la besace,
Par de nouveaux impots tous les jours inventés,
Et les autres à errer, toûjours de place en place,
Pour ne pas renoncer, aux saintes veritéz.

Reponces données au Roi, qui se plaint des mauvais jugements
qu'on fait de lui dans le monde, par un Echo.

Qui est ce dans l'erreur? qu'un peu tard j'apperçois,
Qui me dira le vrai? qu'on me cache chés moi   *moi.*
De quoi m'accuse t'on? Daigne Echo me l'apprendre, *prendre.*
Mais en prenant, je fais mil, exploits inouïs   *ouï.*
Et n'est ce pas ainsi, qu'on celebre son nom?   *non.*
L'on me dit cependant que chacun me redoute *doute.*
De quoi douter? que le bonheur me quitte?   *quitte.*
Ce qui de ma fortune, & mon art est le prix? *le pris.*
Un Roi ne doit sçavoir que le metier de prendre, *rendre.*
Ah rendre! ce seroit me declarer infame,   *ame.*
N'a tu aucun moyen, un peu moins odieux?   *Dieu.*
Dieu approuve peut être ce que tu condamne, *Damne.*

              Quels

Quels coups me porteront mes ennemis mortels? . . mortels.
Mais d'un plus grand Empire on m'a flatté souvent, . . vent.
Que ne peut faire enfin la Reine Britannique? . . nique.
Et ce tant clabaudé Général de l'empire? . . pire.
Ma resource viendra de la bonne fortune, . . une.
Et elle arretera de mes maux le torrent, . . rend.
Ce n'est pas la le mets, du quel je me repais, . . paix.
La Paix, je la veut bien: Grand Dieu qu'on me la donne . Donne.
Je la demande à tous, & je me recommande . . mande.
Quoi? que mon petit fils d'Espagne s'en revienne? . . Vienne.
Helas! que diroit on d'un retour si injuste? . . juste.
Peut on lier ensemble justice & deshonneur? . . honneur.
Un Roi qui se soutient est Roi digne d'Eloge, . . Deloge.
Les Monarchies sont fruits d'une valeur affable, . . fable.
Outre ces qualités, j'ay un bon Testament . . ment.
Je ne ment point: l'Espagne en rend un très bon conte, . . conte.
Ses grands l'ont reçonnu, comme un titre très bon . . bon.
Il l'est, & plus heureux est celui qui possède . . cede.
De mon premier chemin, ce sot conseil m'egare . . gare.
Et de quoi me garder? que perdrai je après tout . . tout.
Qui me depouilleroit? quatre ou cinq Envieux? . . eux.
Je semerai entre eux, de la division. . . vision.
Tous leurs efforts unis n'en viendront point à bout, . . à bout.
Que deviendrai je dont perdant mon patrimone? . . moyne.

Monsieur le Président Rouillé, qui étoit resté à la *Haye*, au depart de Mr. le Marquis de Torci, ayant reçû les depéches du Roi, les communiqua le 7 Juin à Milord Duc & à Monsr. le grand Pensionaire Heinsius, sçavoir, que le Roi son maître ne pouvoit se resoudre à approuver les Preliminaires, que Mr. de Torci lui avoit porté, & particulierement l'article, qui regarde la Monarchie *d'Espagne*, & de rappeller son petit fils, que le temps de deux mois qu'on lui prescrivoit, pour l'execution des autres, étoit même trop court, mais que si on vouloit consentir à une suspension plus longue, de toutes hostilités, il entreroit volontiers en nouveaux traités, pour trouver quelque autre temperament pour satisfaire les Alliés. La reponce qu'on lui fit, n'étoit

H 3

pas

pas difficile à deviner, sçavoir : que la guerre ayant été uniquement entreprise, pour faire rendre la Monarchie *d'Espagne* à la maison d'Aûtriche, il étoit egalement inutile & impossible de trouver aucun temperamment, qui satisfit les Alliés, sans cette restitution ; & qu'ainsi la trêve qu'on avoit promis de deux mois, à commencer dès le jour que le Roi auroit ratifié les Preliminaires, n'ayant point de lieu, on tacheroit de continuer à se servir des moyens commencés, pour avoir une paix. Messieurs les Etats Généraux furent les prémiers, à faire connoître leur zelé, pour l'accomplissement d'une si juste resolution, ayant fait assurer les ministres de tous les hauts Alliés par leur Députés, qu'ils étoient prets à continuer la guerre avec la derniere vigeur, & à justifier par des effets aussi reëls que par le passé, la sincerité de leur engagement. Monsr. van Essen, qui porta cette parole, au nom de leurs Hautes puissances, au corps des Ministres, qui furent assemblés expressement pour cela, fit un discours très eloquent, pour montrer la justice d'en venir à une si facheuse resolution, par raport aux peuples, qu'il étoit necessaire de charger de quelques impots, au lieu de les laisser jouïr tranquillement de leurs biens, ou du fruit de leur travail & de leur industrie : mais que s'agissant de la cause & de l'interêt commun, de toute *l'Europe* vexée par les entreprises d'un Prince, qui sembloit vouloir le tout s'approprier, les Etats faisant honneur aux forces & aux moyens que Dieu leur àvoit donné, de procurer le repos & la liberté publique, étoient prets de les employer, selon toute leur étenduë, pour un si juste sujet, priant tous les Messieurs, d'en assurer leur principaux qu'ils se pouvoient certainement attendre à tout ce que demandoit cette resolution. Monsr. le Comte de Zinzendorf devant parler le prémier, remercia par un autre discours au nom de l'Empereur les Etats de la fermeté qu'ils montroient dans cette occasion, & louant leur conduite & leur zelé, leur fit esperer, que S. M. Imperiale & le Roi Charles apprendroient, avec une joye très particuliére, ces genereux sentiments, en leur temoignant la satisfaction, & la reconnoissance, qu'ils en devoient attendre. Milord Duc fit la même declaration, au nom de la Reine de la grande Bretagne ; ce qui fut suivi d'une approbation générale de tous les Ministres des Hauts Alliés, qui étoient presents.

Il est à remarquer que toute la France s'étant attenduë à voir la paix, en suite dès Conferences, qu'on lui disoit de faire à la *Haye* pour le lui
pro-

procurer, resta extrememement consternée, de voir ses Esperances per-
duës; la misere étant deja si grande en ce Royaume, & la continuation de la guerre la devant encor augmenter. Si les plaintes n'étoient
pas aussi dangereuses, qu'elles sont en un Royaume, ou un dispotisme
absolu dispose des biens & de la vie de tous les sujets, on auroit sans
doute ouï autres choses, que quelques froidures, que les Emissaires de
la cour publiérent, pour se plaindre de la dureté des conditions, au prix
desquelles les Alliés mettoient la paix qu'ils vouloient accorder. Mais
si ces conditions sont dures, on ne doit s'en prendre qu'à la conduite
que tient le Roi de France par le passé, empietant sur ses voisins de
touts côtés sur les plus legers pretexte, & s'aggrandissant aux depens de
touts, sans consulter autre droit, que le pouvoir de ses armes, & ces
convenances qu'y trouvoit son ambition. On peut dire au contraire avec
la verité du monde la plus claire, que les cessions que la France pretend,
qu'on lui fait faire par les Preliminaires, sont nulles & insubsistantes en
touts points; puis qu'on ne lui demande aucune place de son Royaume,
mais seulement la restitution de ce qu'elle a usurpé; & que si elle étoit
deja si redoutable, & si puissante à la paix des *Pyrenées*, qu'elle étoit en
état, comme elle l'a fait voir depuis, d'insulter toutes les puissances de
l'Europe, & d'en depoüiller une partie: en la reduisant sur le même pied,
on ne lui enleve rien de consideration, on la remet à ses forces naturelles; les injustes conquestes ne devant point passer pour patrimoine, &
la restitution qu'on en demande pour une violence & une injustice: C'est
tout ce qu'il faut repondre aux plaintes des François: & comme il
n'ont jamais eu d'egard aux remontrances les plus justes, & aux preuves les plus claires du tort qu'ils avoient, quand ils depouilloient les autres, sous des pretextes de dependence, ou en vertu de sentences de
Tribunaux mercenaires & sujets; ils ne meritent pas qu'on les écou-
tent aujourd'hui, que le ciel vengeur tot ou tard, des opprimés, à
fait tomber sur eux la même force, dont ils abusoient autre fois; qu'ils
se souviennent des trophées, qu'ils se sont dressés autre fois sur des Medailles, qu'ils frappoient; ou l'on voyoit ces Inscriptions.

MARS ULTOR FOEDERUM VIOLATORUM.

Après la Battaille de *Fleury*, qui ne fut donnée que pour venger la
France du chagrin qu'elle avoit de ce, que son Allié se voyoit là dupe
de ses conseils, & avoit perdu la couronne d'Angleterre, pour s'étre

trop

trop aveuglement fié , aux promeſſes qu'elle lui avoit fait : *la foi des traités violés*, qu'elle prenoit pour pretexte de la guerre, qu'elle faiſoit alors aux Provinces Unies, n'avoit aucun fondement, puis qu'elles pouvoient auſſi juſtement donner de ſecours au Prince d'Orange, que le Roi de France en donnoit au Prince de Furſtemberg, pour ſe fourrer en depit de l'Empereur, du Pape, & de la plus ſaine partie du chapitre, dans l'Electorat de Cologne, en vertu d'une Election ſimoniaque, & declarée telle, étant de notorieté publique, que ceux, qui elûrent ce Prince, avoient touché chacun mille Louïs d'or, qu'ils ſe ſouviennent encor de leur.

VICTORIA FRACTÆ FIDEI ULTRIX.

Pour une victoire encor tout autrement honteuſe à la pretenduë Catholicité du Miniſtre de France d'alors, puiſque cette Medaille ne fut frappée, que pour relever un avantage remporté en 1684. Sur les Armes du Duc de Baviére, tenant pour la religion Catholique Romaine en *Allemagne* avec l'Empereur contre les Suedois & le parti Proteſtant, à qui la France étoit Alliée, & avoit malicieuſement perſuadé au Duc de Baviére, de s'unir à eux, dans l'eſperance qu'elle lui donnoit lieu de voir par la finir la guerre, au lieu que la paix ne fut jamais plus eloignée qu'elle fut alors, que les Proteſtants & la France leur Alliés ayant reüſſi à déſarmer le Duc de Baviére, ſe mocquoit ouvertement des avances qu'ils avoient fait à *Munſter*, & ſe promettoient de ruïner entierement cette Auguſte maiſon; ce qui obligea l'Electeur de Baviére, de renoncer à une ſi honteuſe Alliance, dont le Miniſtre de France ſe faiſoit alors ſi grand honneur, depuis la quelle renonciation, les Armes de France remportérent l'avantage, dont il eſt queſtion. Les Alliés auroient aujourd'hui de plus juſtes motifs, de s'applaudir dans la guerre qu'ils font, & de frappér des Medailles plus glorieuſes, & plus vrayes, que ces faſtueux monuments, qui comme on voit, étoient ſi peu d'accord, avec la probité & la juſtice.

Milord Duc de Marlboroug s'étant mis avec le Prince Eugéne à la tête de l'Armée des hauts Alliés, qui s'étoit aſſemblée entre *Audenarde & Helchin*, firent quelques marches, pour voir s'il y auroit moyen d'attirer les François à cette Battaille, que la cour ne manque jamais tous les ans de promettre aux peuples, afin de l'amuſer de l'eſperance de voir finir la guerre par une victoire & un triomphe, qu'il s'imagine être

dû

dû aux troupes du Roi ſi renommées par toute l'Europe pour leur bravoure. Cette bravoure neantmoins ne ſe fit connoître pour le coup,
que par la conſomption de quelque fourages, dont l'Armée des Alliés
auroit pû profiter : Monſr. le Maréchal de Villars s'étant d'ailleurs tenu dans l'inaction & dans le reſpect par une très bonne politique, qui
lui conſeilloit de ne point expoſer temerairement des troupes qu'on
ſçait être la plus part enrollées par force, & fournies par les commu-
nautés du Royaume, & qui ont toute autre penſée que celle de ſe faire
egorger, quelque gloire, & quelque interêt que le Roi y puiſſe avoir.
Outre l'Armée deſtinée au ſiege de *Tournay*, il y en eut une autre ſous la
conduite de Meſſieurs de Ghendt & Dompré, pour Couvrir le *Brabant*
& les conquêtes de l'année derniere, & pour faire téte au Chevalier de
Luxembourg, qui campoit à *Quevain* avec quarante Eſcadrons, mais qui
devoient être joints par une partie des Garniſons de *Mons*, de *Valen-
cienne*, de *Charleroy*, & de *Namur*, pour tenter, s'il étoit poſſible, quelque
diverſion au ſiege. Pour Monſr. le Maréchal de Villars, qui commandoit en chef l'Armée du Roi de France, il avoit eu la prevoyance de
ſe cacher derriere de fort bonnes lignes, depuis *Bethune* juſqu'au pont à
Vendin, entre *Lens* & la *Baſſée*, d'ou pour raiſon d'une plus grande ſeureté, il ne jugea pas à propos de ſortir : quelque deffi que lui en fiſſent
les Alliés, par les marches & contremarches qu'on a dites. Il n'y a
rien de tel en effet que d'avoir du courage, quand ce ne ſeroit que pour
ſe cacher & s'enfuir : & on ne ſçait à quel mauvais genie attribuer l'e-
tourdiſſement qui le fit expoſer, comme on dira, ſur la fin de la Campagne, à perdre la prerogative qu'il s'attribuoit de n'avoir jamais été
battu, & ſur la foi de la quelle le Roi T. C. lui avoit donné le Commandement de ſes Armées cette Campagne : On doit neantmoins avouër
à la gloire de ce grand Général, que ſon imagination fut frapée de l'i-
dée de quelque occaſion d'en pouvoir venir aux mains, puiſque pluſieurs
licües devant ſes redoutables lignes, il avoit fait raſer les villages, &
couper tous les arbres, hayes & buiſſons qui étoient devant lui : à
moins qu'on ne veuille dire, que cette précaution étoit pour voir venir
l'ennemi de plus loin, & avoir le temps de plier ſes bagages, & ſe re
tirer avec commodité, pour avoir enſuite le plaiſir de ſe mocquer de
lui, de ce qu'il n'avoit pas même trouvé une vieille charette à piller.
Ce ſeroit trahir la gloire de ce Maréchal, de dérober au public la de-

I

ſcription

scription des lignes dont il s'étoit couvert. Elles étoient fortifiées de redoutes reguliéres d'éspace en espace, chaque redoute armée de puissantes batteries, & la ligne couverte d'un fossé de quinze pieds de largeur. Outre cela: il avoit fortifié quelques censes ou metairies, avec des travaux & des ouvrages reguliers, tous garnis de ses troupes, qui craignoient le moins, & qui s'exposoient ainsi à être attaquées les prémiers. Le reste de ses braves étoit posté en prémiere, en seconde, & en troisiéme ligne, aile gauche, aile droite, & corps de Battaille, la Cavallerie distribuée en divers endroits à portée pour lui prêter la main: si les Alliés eussent été assés temeraires, comme ils le furent, devant que de commencer le siege de *Mons*, de l'aller attaquer derriere tous ses retranchemens. Encore une fois il n'y a rien de tel que la seureté de se tenir loin des hazards pour conserver la vie; & pour la conservation de sa gloire avoir des gens à gages, qui sement par tout, qu'on a cherché, deffié & bravé l'ennemi, mais qu'il n'a pas eu le cœur de se mêler avec nous.

Le Maréchal d'Villars n'ayant donc temoigné aucune envie de se battre, les Généraux, pour ne point perdre de temps davantage, lui donnerent le change, & rebroussant vers *Tournay*, ils firent alors connoître la resolution qu'ils avoient prise d'assiéger cette place. Monsr. le Prince de Nassau detaché avec quinze Battaillons & cinquante Escadrons, alla s'emparer des postes de montagne, & de St. Amant, d'ou les François se retirerent à l'approche de l'Armée des Alliés: étant arrivé devant *Tournay*, Monsr. le Lieutenant Général de Lumley fut envoyé avec treize Escadrons, & douze Battaillons pour investir la place de l'autre côté de la Riviere de *l'Escaut*: & comme on commença tout de bon à deployer tout l'attirail necessaire à la formation d'un siege, Monsr. le Maréchal de Villars, qui en avoit tiré quelques Battaillons pour fortifier son Armée, n'ayant point prevû que les choses dûssent tourner de ce côté la, se trouva un peû embarassé; mais comme les gens d'Esprit sçavent se tirer d'affaire, il s'excusa avec une très bonne raison à son gré, sçavoir qu'il n'avoit pas pensé à cela & qu'il ne pouvoit se trouver par tout. Qu'on dise après cela, que Monsr. le Maréchal n'est pas un homme de bon sens, & qu'il n'entend pas la guerre. On ne s'arretera pas à faire un detail de tout le siege, il suffit de dire que la Ville fut assiegée dès le 29 Juin, qu'on dressa trois attaques, une sous la
di-

direction du Comte de Lottum Général du Roi de Pruffe ; & l'autre fous celle de Mr. de Schuylemberg Général du Roi Augufte , & la troifiéme fous le Baron de Fagel, qu'on employa cent piéces d'Artillerie à ce fiege : que la tranchée fut ouverte, la Circonvallation faite le 7 Juillet: que les ennemis ont taché d'y jetter plufieurs fois du fecours & des Officiers deguifés , mais inutilement ; que Mr. de Surville commandoit dans la place, & Mr. de Megrigni dans la Citadelle, que les affiegés ne firent qu'une fortie de 500 hommes , & que les Efpagnols qui en étoient, au lieu de combattre , fe vindrent rendre , & obligérent les autres a rentrer dans la place. Ils en tenterent pourtant encore une autre le 28 du même mois, pour tacher de reprendre un ouvrage a corne & un baftion detaché dont on s'étoit rendû maître le jour auparavant ; mais ayant été vivement repouffés , Monfr. de Surville fit battre la chamade dès le lendemain, & demanda à capituler, pour la Ville & les conditions accordées : 3300 hommes qui reftoient de la garnifon de la Ville, entrérent à la Citadelle où l'on avoit fait voiturer toutes les provifions qui fe purent prendre dans la Ville. Les Magiftrats de la Ville , & les Etats de la Province firent leurs capitulations particulieres, pendant que l'on battoit la Citadelle. Ce fiege fut comme l'autre fait par deux attaques, toutes deux du côté de la Campagne, affin d'epargner la Ville que les François auroient battuë s'ils avoient été attaquéz de ce côté la. Les mêmes Généraux commanderent à ces deux attaques, qui n'eurent pas befoin de beaucoup de temps pour contraindre les affiegés à capituler de nouveau. Un de leurs magafins de grenade ayant fauté en l'air le 3 jour par une bombe des Affiegeants, obligea Mr. de Surville dès le lendemain, à offrir de rendre la place, fous le bon plaifir du Roi de France à qui il en feroit part. Cette condition fut acceptée par les Alliés ; & Mr. de Ravignan fortit de la Citadelle pour allér à Verfailles demander le confentement du Roi, & avec lui partit auffi l'Evêque de *Tournay*, qui fe banniffoit lui-même pour n'avoir pas voulu faire chanter le *Te Deum* quand la Ville fut prife, pour en remercier Dieu, croyant qu'il y auroit un grand facrilége à faire d'entrer dans cette prife que la France a tant de fois remerciée du bon fuccés des trahifons & fupercheries , par lefquelles on fçait qu'elle s'eft renduë maîtreffe de tant de places. Cependant on ne demeure pas les bras croifés pendant le voyage de Mr. de Ravignan par un jufte preffentiment

I 2

qu'il

qu'il n'apporteroit rien d'avantageux aux Alliés.   En effet étant de retour le 8, la reponce du Roi fut, qu'il confentoit à la reddition de la place, à condition d'une fufpenfion d'Armes Générale entre les Armées, & qu'on reprendroit les Negotiations de la paix. Comme on étoit fur l'avantage, & que le Roi avoit tout le profit de cette ceffation d'Armes, pendant laquelle il auroit lieu de refpirer, & amuferoit comme par le paffé les Alliés de divers projets d'accommodement qu'on ne pourroit accepter; on le refufa, & on continua le fiege avec des peines, & des dangers incroyables, à caufe d'un nombre infini de mines & de fourneaux qu'il falloit découvrir.   On rencontra une galerie entre autre le 11. qui avoit fept pieds de haut, & cinq de large, & qui paroiffoit être capitale, & fervir à la communication de plufieurs autres. On y envoya d'abord des Grenadiers cuiraffés pour y prendre pofte. Il s'y fit un combat dans le quel les François qui s'étoient prefentés, furent pouffés à coup de fufils & de grenades pendant quelque temps, jufqu'à ce qu'ils la bouchérent de leur côté à force de facs de terre. Il n'y avoit jour qu'on ne decouvrit, & ou les Ennemis ne fiffent jouër plufieurs mines. Enfin ce manege ayant duré tout le mois d'Août, les Affiegés battirent la Chamade le 31. Mais les Généraux des Alliés pretendant que la garnifon fe rendit prifonniere de guerre, la Capitulation ne fe fit point alors.   Le feu ayant recommencé deux jours après, Milord Duc de Marlboroug envoya dire à Mr. de Surville, que dans 24. heures la breche commencée feroit en état de laiffer paffer les Affiegeans à l'affaut, & que s'il l'attendoit, il ne feroit plus temps de demander de Capitulation.   Mr. de Surville demanda de parler à quelqu'un, & Mr. le Comte d'Albemarle fut envoyé fur l'éfplanade. Le François fe plaignit qu'on l'obligeoit à fe rendre prifonnier de guerre, & proteftoit de fe vouloir enfevelir dans la place plûtôt que d'y confentir: Mais fon feu étant paffé, & fa bile evaporée, il foufcrivit à la condition, & on prit regiftre de toutes les Officiers & Soldats qu'on laifferoit fortir, avec obligation de fe tenir pour prifonniers de guerre, & de ne point porter les armes, jufqu'à ce qu'ils fuffent échangés en un pareil nombre, & de même condition des Alliés qui pourroient être au pouvoir des François: & que pour gage de l'execution de cet accord, Deux Lieutenants Généraux, fçavoir Mr. de Surville, & Mr. de Megrigny, & trois Brigadiers demeureroient dans la Ville, pour la confola-

tion

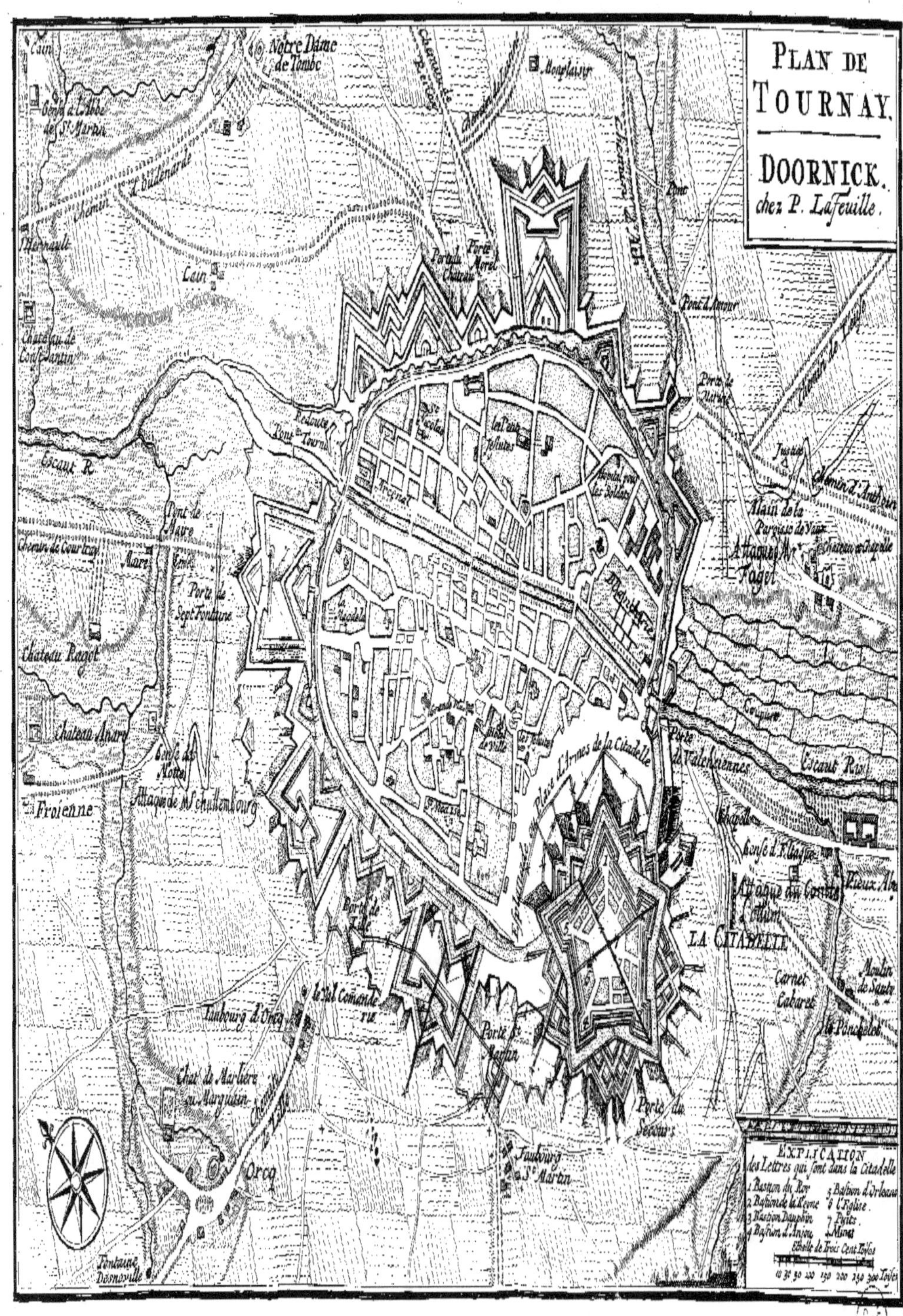

PLAN DE
TOURNAY.
DOORNICK.
chez P. Lafeuille.

EXPLICATION
des Lettres qui sont dans la Citadelle
1 Bastion du Roy   5 Bastion d'Orleans
2 Bastion de la Reyne   6 l'Eglise
3 Bastion Dauphin   7 Puits
4 Bastion d'Anjou   8 Mines
Echelle de Trois Cent Toises
10 30 50 100 150 200 250 300 Toises
LA CITADELLE

tion neantmoins des François, & par pure honêteté des Généraux Alliés, on fit fortir la garnifon par la Ville, qu'elle traverfa tambour
battant & Enfeignes deployées ; mais quand elle fut hors des Murailles, elle rendit les Drapeaux, les tambours & les armes à feu : la feule
epée lui ayant été laiffée, elle fortit au nombre de 440 Officiers, 179
Sergents, & 3837 Soldats. On fit fentir à Mr. de Surville qui con-
tinuoit à fe plaindre de ce traitement, qu'il devoit fe plaindre de la conduite du Roi fon Maître, qui en avoit ufé avec la même dureté en *Italie*, & en *Catalogne* envers des Garnifons qui avoient comme les fiens
très bien fait leurdé voir. Au refte on ne doute point que le Roi de France & fa Cour n'ayent été un peu furpris du fuccès de ce fiege. *Tournay* avoit été fortifié d'un bout à l'autre par Monfr. de Megrigny chef
des Ingenieurs de France, & on pretend que cet habile homme parloit
de cette fortification comme d'une place imprenable. En effet elle étoit
très forte, & par la bonté & par la quantité des ouvrages exterieurs,
mais bien plus encore par les fouterrains. Tous les dehors, Glacis,
Contrefcarpe, & chemins couverts, tous les ouvrages, tous les Baftions,
tout enfin étoit miné & contreminé d'une maniere, qui paffe l'imagination ; la fortification qu'on voyoit, n'étoit rien en comparaifon de celles qu'on ne voyoit pas. Il y avoit des Galeries majeures, larges, & hautes, qui traverfoient la Citadelle d'un côté à l'autre, & d'ou fortoient
comme autant de rameaux, une quantité incroyable d'autres galeries, lefquelles conduifoient à une infinité de mines & de fourneaux
inconnus à tous les Officiers, & Soldats de la Garnifon, excepté à
l'Ingenieur qui en avoit la direction, & au Gouverneur. Ces mines
étoient plus ou moins grandes felon les lieux ou elles étoient placées,
& felon le fervice qu'on fe propofoit d'en tirer en les faifant. Il y en
avoit de placées les unes fur les autres, & même jufqu'a trois, afin de pouvoir faire fauter plufieurs fois un même terrain, & la plûpart fi avant
en terre, que pour les decouvrir, il falloit creufer plus de quarante pieds.
On jugera par cette defcription entierement vraye au pied de la lettre, de
la difficulté de prendre la place, & de l'importance de cette conquête,
en voici le plan. Après la prife de *Tournay*, dont Mr. le Maréchal de
Villars fut temoin, & à qui on peut auffi juftement appliquer, l'A-
MAT VICTORIA TESTES, que les François l'appliquerent
autrefois à l'Armée des Alliés, qui n'avoient pas fecouru *Namur* : Ce Ma-

I 3

réchal

réchal qui avoit reçû de *Normandie*, & de *Picardie* de grands convoys
de vivres, & d'autres Munitions, fit changer la difpofition de fon
Camp; & au lieu que fes troupes avoient jufqu'alors campé Unies, il
les partagea en detachemens de fept à huit mille hommes chacun, &
les fit camper à la diftance l'un de l'autre d'environ une demie heure. Le
même Maréchal reçût encor quelques jours après un nouveau renfort
de quatorze Battaillons, & vingt deux Efcadrons qui lui vinrent d'*Allemagne*, & de la *Mofelle*.

Après le fiege de *Tournay* les Alliés chercherent de nouveau l'occafion d'en venir aux mains avec le Maréchal, qui s'étoit retranché entre les Villes de *Douay*, & de *Valenciennes*; ils envoyerent pour cela
Mr. de Cadogan, pour tacher de fe faifir de l'Abbaye de Marchienne
fur la fcarpe, afin de paffer cette riviere, & de s'approcher de lui;
mais le Maréchal y avoit pourvu, ayant accru la garnifon de pofte en
telle maniere qu'il auroit fallu en faire le fiege dans les formes pour
l'emporter: de forte que les Alliés voulant employer leur temps plus
utilement, refolurent de lui laiffer la gloire d'invincible, en évitant les
occafions de fe battre. Ils detacherent le Prince hereditaire de Heffe-
Caffel, avec 60 Efcadrons, & 400 hommes de Pied, pour s'emparer
des lignes que les Ennemis avoient au tour de *Mons* pour inveftir la
place. Ce Prince fit fi grande diligence, & s'acquittoit fi parfaitement
de cette commiffion, que le 6 de Sept. au matin, c'eft-à-dire trois
jours après qu'il eut été detaché, il fut maître des lignes, & fe trouva
pofté entre *Mons* & les Ennemis. Nôtre Armée fuivoit cependant
la même route, avec toute la diligence poffible; & l'Electeur de Baviére voyant que *Mons* alloit être Affiegé, fe retira à *Namur* pour ne
fe pas expofer à tomber dans les mains, & au pouvoir de S. M. Imperiale. Le deffein du fiege de *Mons* découvert, Mr. de Villars crût, qu'il
y alloit cette fois de fon honneur de tenter quelque chofe pour l'empécher: ainfi il marcha de ce côté la; mais felon fa fage prevoyance,
a peine fut il à *Quevrain*, qu'il fit halte, & pendant qu'il faifoit publier
par tout qu'il étoit refolu tout de bon d'en decoudre, il y attendit le
refte des troupes, qui étoient demeurées à *Bethune* & à la *Baffée* que Mr.
d'Artagnan lui amena. Il avoit auffi tiré toutes les troupes qu'il avoit
pû des garnifons d'*Ypres*, d'*Aire*, & des autres places moins expofées:
de forte qu'étant devenu par la plus fort que les Alliés en nombre de

Bat-

Bataillons & d'Escadrons : après avoir fait plusieurs promenades à droit & à gauche , il s'avanca le 9. vers les bois de *Blagnies* , de *Baugies*, & de *Sart* , qu'il fit dabord occuper & y fit abbattre des arbres , construire de bons rentranchemens dedans, de même que dans les espaces qui étoient entre ces bois, & dont il fit fortifier le passage par un triple retranchement. C'étoit dans cette posture qu'il defioit les Alliés à combatre contre lui : Car comme sa bonne fortune , & sa très prudente circonspection l'avoient exempté par le passé du malheur d'être battu , & qu'il s'étoit fait un merite auprés du Roi T. C. de cette invincibilité , il n'avoit garde d'en user autrement, ni d'exposer une si rare prerogative au hasard d'une Bataille dont il auroit cherché l'occasion en étourdi. Les Généraux des Alliés, informés de la fiere contenance du Maréchal, resolurent d'y repondre par des avances reciproques, & un peu plus hardies. Ils firent avancer l'Armée dans la plaine , a la face des ennemis qui occupoient le bois, & l'on auroit deja deslors attaqué l'Ennemi des le prémier jour de cette approche, n'eût été qu'on attendoit encore les troupes, qui avoient fait le siege de *Tournay*. Entre les 8 & 9 heures du matin le 11 Sept. les Alliés donnerent le signe de l'attaque par une décharge d'Artillerie contre les retranchemens des François, qui y repondirent par leurs Canons. Comme ces canonades ne decidoient de rien, & que les François retranchés jusqu'aux dents , & ensevelis derriere leurs travaux ne sortoient point : L'Infanterie de l'aile droite des Alliés comménça d'attaquer les *Hayes* & les retranchemens au coin du bois de Sart, & celle de l'aile gauche, qui étoit celle des Provinces Unies , le long du bois de *L'agnieres*, & aux deux côtés du Village de *Blagne* : le feu fut très violent dans les deux attaques, particulierement à celle de l'Infanterie de l'Etat, qui souffrit beaucoup à cause des doubles retranchemens qu'il falloit passer : ce qu'elle ne pût exécuter qu'avec une peine extreme. Mais cette Infanterie maltraitée ayant été soutenüe par de nouvelles troupes, & l'attaque droite s'étant enfin rendue maîtresse du passage, non obstant le double retranchement qu'elle avoit a forcer, donna moyen à la Cavallerie de penetrer dans le camp de Ennemis. l'Armée de Alliés encouragée par ce succés, redoubla sa vigueur de tous côtéz, & força tout le reste des obstacles. Alors la Cavallerie Françoise qui étoit en Bataille derriere les retranchemens forcés , se voyant chargée avec furie,

plû-

plûtôt qu'avec une valeur ordinaire, commença à lacher pied, quoy qu'elle fit semblant de vouloir faire tête plusieurs fois ; mais enfin elle prit la charge, & se mit en fuite par les chemins de *Bavay*, & du *Quenoy*. L'Infanterie Françoise qui s'étoit maintenuë quelque temps dans les *Hayes*, se retira de même le long des bois, abandonnant la plus part de son Artillerie sur le Champ de Bataille qui resta aux Alliés avec toute la marque d'une victoire complete, quoy que par la fuite des François elle ne fut pas si sanglante : Il faut cependant avouër que la perte des Hollandois en particulier fut très considerable, puisqu'ils demeurerent exposés à la decharge du Canon des Ennemis des le commencement de leur attaque, qui fut jusqu'à deux heures après midi qu'ils forcerent les derniers retranchemens, & que la Cavallerie des Alliés, ayant penetré au dedans du centre des François, ceux ci se retirerent, & quitterent la partie. Les Alliés eurent 5547 tuéz & plus de douze mille blessés ; & si le nombre des morts est de 2500 hommes restés sur le Champ de Bataille, comme quelques uns l'ont écrit, il faudra chercher le reste du côté de ceux qui se sont trouvés à l'action, & qui n'étoient pas du nombre des Alliés. Les François ont avoüé, que si on les avoit poursuivis dans leur retraite, on en auroit detruit encore un grand nombre, les debris de leurs troupes s'enfuyant separés : Mais les Alliés ne jugerent pas à propos de perdre le temps, & de fatiguer leurs troupes victorieuses en cette poursuite, dans la vüe de les employer plus utilement. Les François blessés qui resterent sur le champ de Bataille furent quasi tous les prisonniers qu'on fit sur eux ; l'acharnement ayant été si grand que dans la chaleur de l'action, les Alliés ne firent quartier à personne : les François firent encore moins de prisonniers, & les Etendarts portés à *Paris*, & placés dans l'Eglise de *Nôtre Dame*, étoient fabriqués pour amuser les badaux, auxquels on se tuë encore aujourd'huy de dire qu'on n'a rien perdu, & que la Bataille de *Janieres* ou de *Malplaquet* n'étoit qu'un Carousel, ou Mr. de Villars à eu le malheur de se faire un peu mal à un genou. Ce Général qui se croyoit encor invincible, & qui a eu le cœur d'écrire au Roi, en parlant de cette *malheureuse journée, que sa retraite est une victoire, qui releve toute la gloire de sa Nation qui avoit honte jusques là de se montrer*, a eu lieu de se désabuser, s'il a crû être invulnerable, puisqu'il a été veritablement blessé au genou. Bien

d'autres

d'autres l'ont été bien plus dangereusement entre les morts, dont les listes se sont vuës dans tous les journaux.

Le jadis glorieux Electeur de Cologne, qui comme un Moyse venoit parmi les Dames de Valenciennes, ses mains dressées au ciel pour obtenir la victoire à son parti, ayant eu révélation par le moyen d'un Escrocq (à qui il fit donner cent Louïs d'or de bonne main) qu'effectivement les François étoient victorieux, fit tout aussi tôt chanter *le Tedeum* pour cette bonne nouvelle, & pendant que le monde se tremoussoit de joye de cet heureux succés dû à la bonté & à la justice de la cause, l'Apôtre inconnu qui avoit si bien joüé son role disparut, & donna lieu à ceux qui vindrent depuis en foule, de faire déchanter, en annonçeant la veritable defaite de ceux qu'on croyoit triomphants. Le jour de devant la Bataille, le Lieutenant Général Dedem s'étant présenté avec un corps de trois mille hommes devant la petite Ville de *St. Guillain*, s'en étoit rendu le maître.

Les Alliés ayant remercié Dieu sur le Champ de Bataille même selon la forme accoutumée, & celebré leur victoire avec les demonstrations de joye ordinaires, prirent la route de *Mons*, ou ils arriverent le 24 au Matin, & s'en emparérent, en arrivant du Moulin au bois à un quart d'heure de la Ville, qui étoit un poste ou il y avoit un Lieutenant, & 21 Soldats Espagnols qui se rendirent prisonniers sans tirer un seul coup. Deux jours au paravant, les Ennemis avoient trouvé le moyen de faire entrer dans la place trois Bataillons François, qui avec ce qui étoit deja de troupes dans la Ville, firent une garnison de huit mille hommes. Il y avoit des provisions pour six mois, soixante & quatorse pieces de gros Canons, quantité de Mortiers, 17000 Bombes, un très grand nombre de Grenades, & tous les outils necessaires pour toutes sortes de travaux: Mr. Grimaldi étoit Gouverneur de la place, assisté de M. le Comte de Bergeyck & du Baron de Malknech. On ouvrit la tranchée le 23 en deux attaques, qui furent poussés pendant tout le siege avec vigueur, mais aussi avec la discretion & le menagement que demande la connoissance qu'on à, que le Roi de France ayant mis les prémiers fondements de sa grandeur dans l'impossibilité de se rendre maître de ses places frontieres, les à toutes fait fortifier de la maniere du monde la plus seure & la plus imprenable que l'art & l'étude ait sçû imaginer: 80 pieces de Canon furent emploïées sur les batteries à de-

K

monter

monter l'Artillerie de la place, & à foudroyer les dehors pendant qu'on s'avançoit à la sappe; & après s'être asseuré du terrain par les contre-mines dans les deux attaques, cette manœuvre dura le reste du mois de Septembre jusqu'au 20 d'Octobre, que les batteries ouvrirent une breche dans un ouvrage a corne qui étoit à l'attaque de Havré. Les Assiegés ne voulant pas s'exposer a crier merci quand il ne seroit plus temps, battirent la chamade, & arborerent l'étendart blanc entre onze heures & midi à toutes les deux attaques, les ostages ayant été reciproquement donnés. On convint bientôt des Articles de la Capitulation par la quelle les François sortirent au nombre de 2000 avec les marques d'honneur ordinaires, parce qu'ils n'avoient pas cherché, comme ils avoit fait à *Tournay* d'amuser les Alliés par des supercheries : comme étoit celle d'offrir de se rendre, pourvû que le Roi l'agrea, comme s'il n'avoit pas sçû leur état & la necessité où ils étoient de le faire. Mais enfin les François veulent être originaux par tout, & se veulent distinguer par quelque chose, quand ce ne seroit que par des pauvretés, comme sont la plus part de leurs manieres, aussi bien que leurs modes. Ils ont cependant manqué de ressource en cette occasion, & n'ont sçû que dire de la prise de *Mons*, comme ils avoient fait de leur deroute à *Taniers* ou *Malplaguet*, qu'ils batisoient hautement du nom de victoire, ou de retraitte faite d'un air si fier & si menaçant, qu'elle valoit une victoire. Eux qui étoient Superieurs de plusieurs Milliers de Soldats, & enterrés derriere un triple retranchement, & des abbatis de forets entiers qu'il fallut surmonter, pour les aller prier à coups de sabre & de mousquet, de faire cette glorieuse retraitte, & de se debarasser du soin de trainer leur Artillerie après eux. On n'a pas tort de dire qu'on peut battre un glorieux tant qu'on voudra, & qu'il ne s'en vantera jamais. Mais on a encor plus de raison de se mocquer de la pretenduë perte faite par les Alliés de leur meilleure Infanterie dans la Bataille dont il s'agit, puisqu'ils ont été en état, sans recevoir de nouvelles troupes d'aucune part, & à la vuë des mêmes Ennemis qui se font encore Superieurs en nombre, comme n'ayant quasi rien perdu, d'entreprendre & de finir si glorieusement le siege d'une place importante telle qu'est celle de *Mons* (dont voicy le plan avec ses approches) également brave à pousser ce siege, non obstant toutes les difficultés qui le rendoient impraticable, & a se tenir sur le qui vive, & en état de soutenir & de repondre

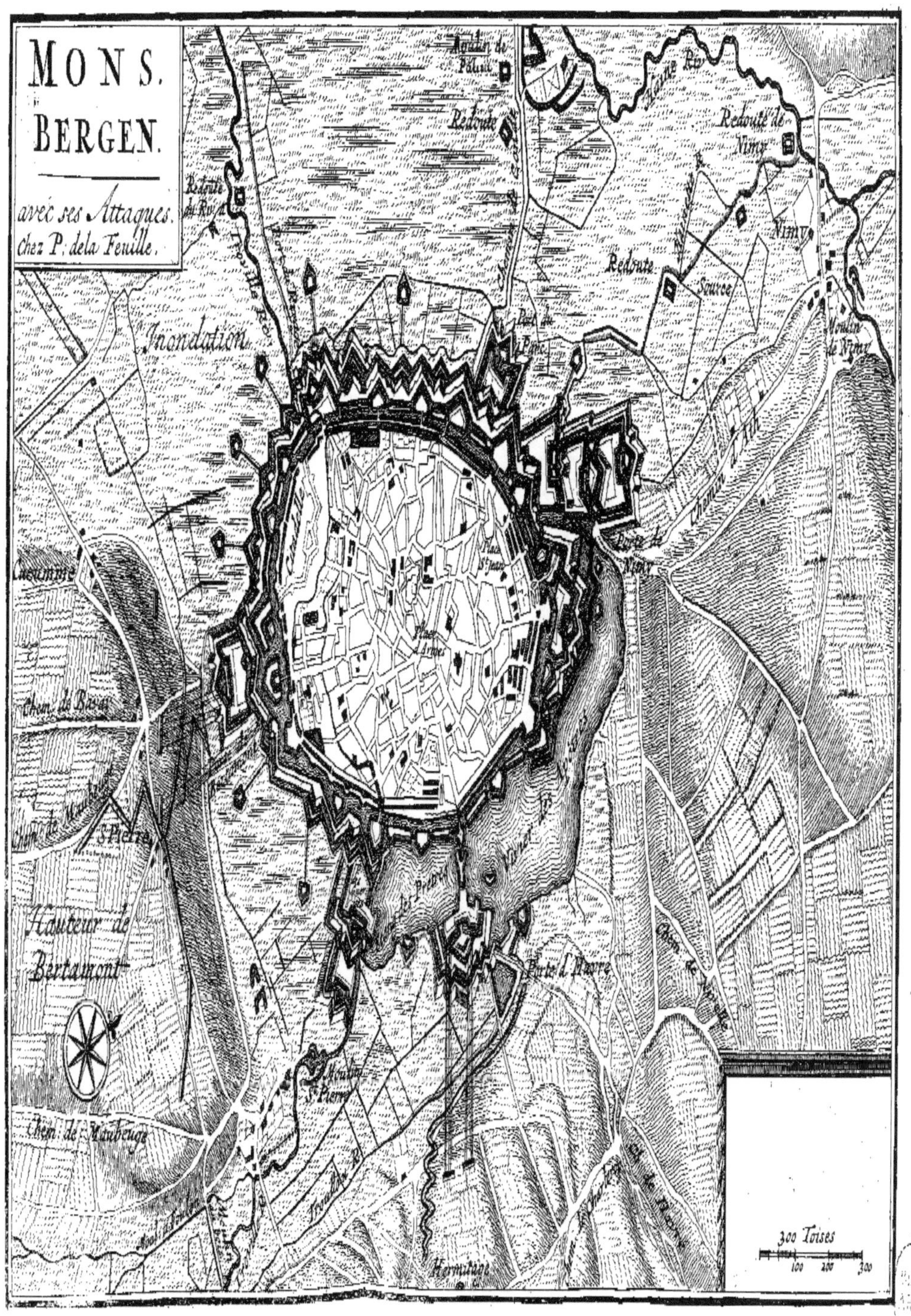

MONS.
BERGEN.
avec ses Attaques.
Chez P. de la Feuille.
Inondation
Redoute du Roy
Moulin de St. Paul
Redoute
Redoute de Nimy
Nimy
Redoute
Source
Moulin de Nimy
Porte de Nimy
Cicunnie
Chem. de Beviu
Chem. de Mau
S. Pierre
Hauteur de Bertamont
Moulin S. Pierre
Chem. de Maubeuge
Porte d'Havre
Hermitage
Place d'Armes
300 Toises
100   200   300

dre à ceux qui avoient voulu l'interompre. Tant de belles choſes meritent d'être écrites par de meileures plumes que la mienne. Auſſi n'ay je donné cette idée ſuperficielle des deux ſiéges qu'on fit, & de la Battaille qui fut donnée dans cette Campagne, que pour avoir lieu de publier les Médailles qui ſe ſont frappées à leur occaſion : tout le monde étant informé que je fais une profeſſion particuliere de cette ſorte de récherche, & que je conſerve & debite les plus curieuſes Medailles qui ſe frappent dans l'Europe en les frapant moy-même de ma propre Invention. Le jour donc qu'on rendit dans la Ville *d'Utrecht* les actions de graces à Dieu pour les bons ſuccés de cette Campagne, & qu'on en fit les feux de joye, chacun s'empreſſant à temoigner la ſienne ſelon ſon inclination & ſes moyens, je fis une decoration ſur la façade de ma maiſon ; ſituée ſur la grande place du marché au bled, (qu'on appelle le *neude*) dans laquelle j'expoſai une grande partie de ces Medailles avec d'autres emblemes, deviſes, & figures appliquées aux ſujets ; ayant placé chaque piece des illuminations qui en faiſoient voir le corps, & lire les paroles tracées en gros caracteres. Cela m'attira tous les curieux de la Ville qui coururent en foule ſur la place ; des que le jour finit, il y eut lieu de faire paroitre les illuminations. Les illuminations de mon côté conſiſterent en 400 lampes & grande quantité de chandelles qui faiſoient voir une grande pyramide, dont trois faces étoient illuminées. Cette pyramide, qui étoit placée au milieu de la façade de ma maiſon, étoit accompagnée ſur un même plan de deux grands quadres en forme de bas relief, chargé de Medailles & d'Inſcriptions. Sur le prémier étage il y avoit ſix grandes Medailles avec leurs revers, autant ſur le ſecond ; & le haut de la façade étoit terminé par deux autres pyramides hiſtoriéés comme le reſte.

La prémiere Medaille qui regarde cette Campagne, ou qui a été frappée a ſon occaſion, quoi qu'elle n'étoit pas pour ſervir de monument, & pour conſerver la memoire du ſiege de *Tournay*, eſt celle de Mr. le Marquis de Surville Gouverneur de la place. Il y a ſi long temps que le Roi Louïs XIV. roule de grands deſſeins, dans l'execution deſquels il depenſe des ſommes immenſes, que ce n'eſt pas merveille que ſes revenus ſe trouvent ſouvent courts, n'étant pas auſſi grands quoi qu'immenſes, à proportion de ce que les Rois ſes predeceſſeurs ont tiré de leur Etat, qu'il le faudroit pour payer toute choſe argent content ;

rien

rien ne devroit être plus regulier que la folde des gens de guerre, qui pour quelques fols par jours qu'on leur promet pour leur miferable entretien, fe devoüent à s'expofer & fouffrir la mort pour leur Souverain en toutes fortes de contrées. L'argent manquant donc abfolument à Mr. de Surville, après avoir vuidé les bourfes particulieres du Préfident, & d'autres Bourgeois les plus riches de la Ville de *Tournay!* defquels il tira à titre de prét au nom du Roi des fommes confiderables : il fallut venir a la derniere reffource, qui fut de faire battre de la monnoye de cuivre & d'argent ayant au coin fon effigie & fes armes. Les chaudronniers lui fournirent de la matiere pour les prémieres efpeces. Pour faire les fecondes, il fit mettre en pieces fes vaiffelles d'argent qu'il avoit, les pieces n'ayant autre forme ni figure que d'une petite quarrée de la valleur d'environ quinze fols, & fon effigie en bufte d'un côté, avec fon nom M. DE SURVILLE. Si Monfieur de Surville s'incommode en fe privant de fa vaiffelle d'argent pour en faire de la monnoye qu'il employe a payer les Soldats, on peut dire qu'il s'accommode d'un autre côté d'un honneur, qu'il n'y a gueres que les Têtes Souveraines qui en ufent, fçavoir en fe faifant couronner de laurier comme un Triomphateur dans fon portrait qui étoit gravé fur la piece. C'eft dommage pour fon honneur qu'il n'ait pas triomphé en effet, puifqu'alors les lauriers auroient été de faifon, au lieu qu'ayant laiffé fa monnoye en pieces fans avoir la peine de la degager pour la refondre en vaiffelles, auquel cas il n'auroit perdu que la façon ; il a donné occafion aux curieux de fe mocquer de fa couronne, & de la railler fur la fierté de cette demarche qui a fini d'une maniere fi mortifiante. On peut neantmoins l'excufer fur fa bonne intention, en difant qu'il efperoit veritablement de triompher, & de couronner fa defenfe par une fin glorieufe : mais que la faifon a été fi chaude, & le fer employé dans ce fiege par les Alliés fi ardant & fi continuël, que fes lauriers n'ont pût fe defendre de fechereffe : Les rieurs ne diront-ils point encore que Monfieur de Surville pour ne pas perdre fa vaiffelle avoit évalué des pieces à vingt fols qui n'en valoient que quinze, dans l'efperance que le Roi étant obligé de les racheter du fien, & de les retirer du commerce, les lui rendit ; au lieu que s'il les eut laiffé courir au prix de leur valeur, les devots auroient pût les faire fondre pour en faire des reliques, afin de conferver la delivrance miraculeufe du fiege de *Tournay*, qu'il a fi glorieufement defen-
dû.

dû, & voici la figure des trois pieces. Celle-ci valoit 20 fols : d'un côté paroit le portrait de Monfr. de Surville. Au deffous ce lit.

M. DE SURVILLE.

R E V E R S.

La monoye de cuivre que fit battre Monfieur le Marquis de Surville n'avoit pas l'honneur de porter fon effigie Triomphante , mais feulement fes armes, ornés cependant de deux palmes, pour ne point perdre de vuë l'efperance de la victoire foûs une couronne de Marquis. Il n'y a rien de plus confolant que de toûjours efperer , & je gage qu'a l'heure qu'il eft, Monfieur de Surville, & tous les bons François comme lui, efpérent encore de reprendre tout ce qu'on leur a pris , & conferver, ou remettre au Duc d'Anjou la Monarchie d'Efpagne toute entiére. Les Armes de Monfieur de Surville Hiftoriées fur ces pièces de cuivre battu en monnoye , font trois forces , ou cifeaux de tondeurs ! Ha combien de belles chofes auront medité la deffus les contemplatifs ! On en aura oüis qui auront trouvé ces armes parlantes , & non pas particulieres à Monfieur le Gouverneur de *Tournay*, mais communes à tous les autres Gouverneurs des places & Officiers du Roi de France, auxquels on ne donne les emplois que pour tondre, & plût à Dieu que ces Meffieurs fe contentaffent de tondre , & qu'ils n'écorchaffent pas les pauvres qui tombent fous leurs pattes , puis qu'alors on n'entendroit pas tant de cris des pauvres peuples qui fe plaignent des extorfions, & du poids infupportable des charges publiques fous lefquelles ils gemiffent. Sur le revers de cette Medaille, qui fera un monument éternel de la mifére d'un Gouverneur d'une des premiéres & importantes places du

K 3

Royau-

Royaume de France, & Chef d'un des plus Riches Parlements, qui eſt une occaſion de ſiege; il ne ſe trouvoit pas le ſou pour envoyer ſes ſoldats à la defence des bréches; il ſe lit une Chronogie de l'année de cette malheureuſe neceſſité, qui vient naturellement dans la legende, comme s'il avoit été deſtiné de tout temps, que malgré la puiſſance du Roi Louïs XIV., malgré les ſoins de ſon Gouverneur, malgré les defences d'une place qu'on croyoit imprenable, cette place cependant tomberoit entre les mains de ceux que Dieu a pris pour miniſtres de ſa juſtice, & dont il ſe ſert pour dépouiller un Prince des places qu'il n'a fait toute ſa vie qu'envahir ſur autruy.

MONETA IN OBSIDIONE TORNACENSI CVSA.

Cette piece qui ne vaut qu'un liard dans ſa matiere, devoit courir dans le negoce pour huit ſous; mais les hommes vains & glorieux qui ſont pauvres, ont coutûme d'eſtimer & de faire valoir leurs guenilles plus que les meilleures choſes des autres. La providence de Monſieur de Surville à pourvoir à tout, avoit encor trouvé le ſecret de faire courir les liards de *Liege* pour la monoye de *Tournay*, prenant toûjours des veſſies pour des lanternes, c'eſt-à-dire, des liards pour des pieces de *deux ſols* en faiſant frapper une Tour d'un côté qui ſont les armes de *Tournay* on y lit ces mots,

TORNACO OBSESSO. 1709.

Après les Médailles & monuments du ſiege, venons à celle de la priſe. On en a frappée à *Nuremberg*, ou paroit d'un côté la Ville de *Tournay* avec ſes fortifications, & les attaques des Aſſiegeans : au tour on lit ces paroles tirées du IV. livre des Metamorphoſes d'Ovide.

SOLUTA CATENIS INSURGIT.

Ce qui veut dire, que la Ville de *Tournay*, *ſort enfin de captivité*, *& ſe reléve du malheur qu'elle eut l'année* 1667 de tomber au pouvoir de la France. Il ne doit pas paroitre étrange qu'on diſe, que les Villes qui viennent au pouvoir de cette couronne, *tombent*, puiſqu'en effet elles perdent une grande partie de leur luſtre, & toute leur liberté. Ceux qui ont lû l'hiſtoire de Flandre, ſçavent avec combien de bonté les Anciens Souverains de ce pays traittoient les Flamands, & de combien de privileges ils laiſſoient joüir les peuples, qu'ils conſideroient plû-tôt comme leurs enfans, que comme leurs ſujets ? Il n'en eſt pas ainſi du Gouvernement de France dans ce dernier regne; ou l'on a dépouillé la na-

tion

tion de ce qui la faiſoit eſtimer, en la privant par le moyen du pouvoir le plus deſpotique qu'il y eut jamais, pour lui faire ſouffrir tout ce qu'il plait au Monarque de lui ordonner : en ſorte qu'on peut ſans aucune exaggeration dire, que les François ſont auſſi eſclaves de leur Roi, que les Turcs le ſont de leur Sultan. Peut on s'imagnier une plus grande miſére que celle d'étre obligé à fournir & payer des taxes, des impots, & tels autres inſtrumens de la Tyrannie la plus outrée, otant à ſes ſujets tous les profits qu'ils font avec leur travail, ou qu'ils retirent de leurs terres, & de leurs biens, pendant qu'un Prince guidé de ſon ſeul caprice, viole le droit des gens, s'occupe à faire des guerres continuelles, pour opprimer ſes voiſins tantôt ſous un pretexte, tantôt ſous un autre, ou à detourner le cours des rivieres, à batir des Palais ſuperbes, ou à des entrepriſes auſſi peu néceſſaires, & dans les quelles on depenſe des ſommes immenſes. Si les ſujets d'un tel Prince s'eſtiment heureux, ils doivent être ſûrs que les autres peuples, & particulierement ces heureuſes Provinces & les villes Imperiales, comme *Nuremberg*, n'envient aucunement leur bonheur, qu'ils les tiennent pour des gens *timbrés*, foulés, terraſſés & aneantis. Dans l'exergue de la Medaille on lit.

TORNACUM CAPTUM MDCCIX.

Ce qui veut dire, *Tournay pris*, c'eſt-à-dire, *repris à ſon Raviſſeur*, & reſſuſcité de la miſere, & de l'oppreſſion, ſous laquelle elle gemiſſoit depuis 42 ans.

R E V E R S.

Le Revers répréfente une femme couronnée d'une couronne mura-le, entremelée d'epines, pour faire allufion au nom flamand de *Doorn*, qui fignifie *Epine*, le nom de la Ville étant *Doornick*. Cette femme ou Nymphe repand des branches de lauriers de la main droite, pour ex-primer qu'elle triomphe de fon malheur paffé; & de la gauche elle tient l'Écuffon de la Ville de *Tournay* qu'elle repréfente, qui eft une tour; el-le eft fuivie de la Paix qui tient une Palme de la main droite, & de la gauche l'envie enchainée & terraffée fous le fymbole parlant de l'état prefent des affaires, ou la valeur fe fait fuivre de la victoire, & ne laif-fe d'autre parti à fes ennemis, que celui de fe dechirer le cœur du re-gret de voir que le temps des triomphes, & des conquêtes paffées qu'el-le attrapoit, ou par corruption ou par fourberie ou par des efforts hors de faifon eft fini; & que la véritable valeur animée par des fentimens d'equité & de juftice, & agiffant par les voyes de l'honneur, triomphe aujourd'huy, & remplit la fcene, fe faifant adorer par les plus fince-res acclamations, avec l'augure d'un fiecle encore plus glorieux, après que la Paix aura remis toutes chofes dans la place qu'elles doivent avoir, comme il eft exprimé par la devife qui eft au tour de ce revers.

UT MELIUS PROCEDAT.

Ce qui veut dire, *afin que les fuccés foient plus heureux*. Dans le cercle exterieur de la Medaille, felon l'ufage inventé contre les rogneurs de la monoye, on lit les autres paroles.

REGNI COLLAPSA RUUNT IMMANIA MEMBRA.

Ce qui veut dire, que la conquête de *Tournay*, n'eft pas la prife d'une petite place, mais d'un *membre des plus puiffans, fur lefquels s'appuyoit le Regne de Louïs* XIV., qui va en ruine par la feparation & la diftra-ction qui en eft faite. En effet le Roi ne pouvant rien qu'à force d'ar-gent; comme la prife de *Lille* l'année derniere, fe prive d'environ tren-tre millions de revenu, celle de *Tournay* ne lui fera gueres moins in com-mode cette année; & c'étoit dans la vüe de conferver ces reffources, & ce Perou, qu'il avoit fait fi puiffamment fortifiér les places de Flan-dre, afin de fe delivrer de la crainte de les perdre, & de pouvoir toûjours continuer à fuccer le fang des pauvres peuples, de la bonté naturelle des quels il fçavoit qu'il pouvoit abufer à plaifir. Mais toute chofe vient à

fon

son temps, & celui du de bris de cette infortunée Monarchie est venû. La seconde Medaille à été frappée dans la même Ville, qui d'un côté a la même empreinte sçavoir la Ville de *Tournay*, telle que nous vous l'avons decrit.

REVERS.

Le Revers réprésente le Royaume de France, sous l'embleme d'un vaisseau, au milieu d'une furieuse tempéte qui agite le mer. Le grand mast de vaisseau est deja brisé, & tombé dans la mer ; & afin que le vaisseau entier ne perisse, on voit des gens qui jettent sa charge hors de ses bords, & on lit sur une espece de ballet qu'ils précipitent dans la mer, le mot DORNICK, qui signifie en Flamand la Ville de *Tournay* ; les Inventeurs de ce symbole ont beaucoup epargné la gloire du Roi & du Ministere de France, ils ont jetté par leur manoeuvre le Royaume dans la tempête ou il est à present, & ou, comme ils se plaignent, quasi toute l'Europe est conjurée contre eux, & s'efforce de leur faire faire naufrage : Car enfin cette tempête n'est nullement l'effet de l'Europe conjurée, mais de ceux qui se sont voulu charger de tant de villes & de Provinces qu'ils ont ravies aux autres, que le vaisseau & les forces ordinaires de l'Etat ne les pouvant soûtenir, sont obligés de s'en defaire pour sauver le reste de la charge ordinaire, avec laquelle au moyen de la Paix & de l'approbation de leurs voisins, ils pourroient heureusement voguer : Ils doivent s'en prendre à ce soufflet d'ambition incom-

L

mode,

mode, & incompatible avec la Paix de l'Europe, qui force enfin les vagues à se soulever contre un bâtiment, qui veut donner la loi a la mer, & pretend de la contraindre à se soumettre & à plier sous toutes ses demarches, de quel côté qu'il se veüille tourner : fier de ses agremens & de la pompeuse ostentation de sa fabrique qu'il croyoit hors des atteintes de toutes sortes d'ennemis. Ils devoient avoir appris par la facheuse experience qu'ils ont fait du mauvais succés du *Grand Louis*, vaisseau par son enorme grandeur hors de tout rang & de toute regle, & avec lequel on se flattoit de donner la loi à l'Ocean, & de braver toutes les tempêtes, qu'il ne suffit pas de concevoir l'idée d'un projet extraordinairement vaste & magnifique ni même de la fabriquer, employant pour cela le secours de tous les Elemens tirés pour être mis en besogne à droit & à gauche, l'experience faisant voir à la fin que ces vaisseaux sont contraints de demeurer inutiles dans le port, comme celui du *Grand Louis*, qui croupit à *Toulon* par l'impossibilité d'avoir des voiles & des forces suffisantes pour faire avancer cette grande masse dont le seul poids est le prémier & insurmontable obstacle qui l'empeche de naviger ; & qui est encore bien plus eloigné de s'avancer, quand outre la pesanteur de ses materiaux, son bord est rempli de denrées étrangeres, qui ne lui ayant jamais legitiment appartenu, l'enfonce par le poids de l'injustice & de l'usurpation avec les quelles on les a embarquées. La legende qui est au tour est encore très modeste.

NE PEREAT, PERDIT.

Ce qui veut dire, *que la France se resoud à perdre les conquêtes qu'elle à faites sur les autres, plûtôt qu'à perir :* Car en entendant cette pieuse legende à la lettre, on croira qu'il y entre un peu de son consentement ; ce qui pourroit la disposer au merite d'une restitution en quelque maniére volontaire ! restitution necessaire pour obtenir de Dieu le pardon du Vol, quoique d'ailleurs on sçache que cette Volonté est toute forcée. Les Alliés voulant bien faire sans comparaison comme Dieu en cette rencontre, qui se contente que nous aquiessions, & même nous tient lieu de merite, quand nous souffrons qu'il nous dépouille de ce qui faisoit la matiere de nos crimes : le mal qu'il y a ici est que la parole de *Pere* est si desagreable à certaines gens, qu'ils ne voudroient pas l'entendre nommer, quand même on la leur appliqueroit avec le salut à la delivrance du naufrage, n'estimant pas qu'ils puissent s'accommoder avec honneur avec la gloire dont ils ont fait leur idole.   Cet

Cet autre Medaille a fervi dans mon Illumination : elle étoit placée
dans une des Pyramides, qui étoient pofées fur les devant de ma maifon,
que j'ay enfuite frappée fur une Medaille. D'un côté fe voyoit le fymbole des Provinces Unies, fçavoir le Lion dans fon Jardin, tenant avec
fa ferre droite une épée comme en voulant defendre l'entrée, & de
l'autre un faiffeau de fleches qui marquent le courage & la valeur, & de
l'autre l'union des efprits tous egalement portés à la defenfe de la liberté commune ; la devife ou l'ame du fymbole, eft.

NESCIUS FERRE JUGUM.

Ce qui veut dire, *qu'il ne fçait ce que c'eft de porter le joug.* Dans l'exergue on lit ces autres paroles.

LIBERTAS PATRIÆ.

Ce qui nous fait entendre, *qu'il ne fe bat que pour conferver la liberté de
la patrie*, & que les dittes Provinces font difpofées à conferver au rif-
que de toutes les autres chofes du monde.

R E V E R S.

Le Revers de cette Medaille répréfentoit l'efperance, telle que nous
la depeignent les Philologues, fçavoir tenant de la main droite une fta-
tuë de la victoire appuyée fur un piédeftal, ou étoit deffiné le plan de
la Ville de *Tournay*, & rélevant de fa gauche le bout de fa juppe, avec
une branche de laurier ; tous fymboles expreffifs de l'avantage remporté
té par la prife de cette place, qui vient à rompre cette barriere, avec
laquelle le Roi Louïs XIV. croyoit avoir rendu impenetrables les
L 2

fron-

frontieres de fon Etat: Cequi eft exprimé par la legende.
CLAUSTRA GALLORUM RESERATA TORNACO CAPTO.
Ce qui veut dire, *que les barrieres de France font ouvertes par la prife de Tournay.* Dans l'exergue fe lit.
XXIX. JUL. MDCCIX.
Ce qui exprime, *qu'elle a été prife le 29 Juillet 1709.* Ces trois Medailles fuivantes ont été auffi frappées pour ce même fiege. Elles m'ont été envoyées d'Allemagne, par la bonté de Monfieur Kornlein Caiffier de la Ville de *Nuremberg*, qui eft un homme obligeant & honéte, & qui fe fait un plaifir de rendre fervice à tous ceux qui ont recours à lui. Dans la prémiere Medaille fe voit la Ville en perfpective; elle fe nommoit anciennement *Tornacum* par les latins, & auffi *Tornus*, felon le témoignage de Guicciardin dans fa defcription des Pays-Bas, & aujourd'huy en François *Tournay*. Au deffous de la Ville, on voit le Camp des Alliés qui jettent des Bombes dans la Ville: au deffus de la Ville on voit deux écuffons attachés à un ruban, ou font les armes de la Province & celles de la Ville; celles-ci font une Tour: ce qui fait allufion à fon nom: On lit au tour ces mots de *Virgile Æneid. livre* 12. qu'on a un peu changés.
QUID NUNC TE TUA TORNE POTEST ANTIQUA JUVARE
      GLORIA!
Ce qui veut dire, *a quoi te peut fervir à préfentla gloire ancienne, & quel fecours en peut tu tirer?* dans l'exergue, on lit.
CESSIT INVICTIS FOEDERATORUM ARMIS.
      M. JUL. D. XXX. MDCCIX.
Ce qui fait entendre, *que cette importante place à été emportée par les armes invincibles des Alliés le 30 Juillet 1709.*

REVERS.

Dans le revers on voit la France réprésentée sous la figure d'une femme, assise avec une contenance triste & en désordre, les cheveux pendans en confusion, & dispersés çà & là! Elle joint ses mains ensemble, tournant ses regards sur une Tour, dessus laquelle trois foudres tombent: ce qui marque les trois attaques faites par les Généraux Alliés, sçavoir Messieurs de Lottum, Schuylemberg & Fagel. On ne peut douter que la prise de *Tournay* n'ait fort affligé la Cour de France. On voit aux pieds de cette femme quelques branches d'Olivier, qui désignent l'esperance évanouïe, que le peuple de France avoit conçû de la Paix. Au tour on lit les lamentations prises de Jeremie Chap. IV. vers 10.

DOMINE, DIXERUNT: PAX ERIT VOBIS, ET ECCE PERVENIT GLADIUS USQUE AD ANIMAM.

Ce qui veut dire, *Seigneur, Ils nous disoient: vous auréz la Paix, & voila l'Epée tranchante parvenuë jusqu'à nôtre ame.* Voici une autre Medaille qui a le même revers que nous vous venons d'expliquer qui réprésente la France affligée.

REVERS.

On voit la Ville de *Tournay*, avec ses fortifications, sa Citadelle, & toutes les approches qui s'y sont faites dans ce glorieux siege; au tour on lit:

 UL-

ULTIMUM OPUS MARTIS, CÆTERA PACIS ERUNT.

Ce qui fait entendre, qu'on croyoit que ce siege *seroit le chef d'œuvre de Mars, ou la derniere entreprise militaire, & que le reste seroit pour la Paix.* Elle eût été bien à souhaiter pour tant de pauvres peuples qui souffrent & languissent dans cette sanglante guerre: Mais le Roi de France n'a pas encore jugé à propos d'en venir là; & les traités qu'on en a proposés en son nom, n'ont pas été de bonne foi. La Medaille a aussi sur le cercle exterieur ces mots.

NON ASSUMES NOMEN PACIS IN VANUM.

Ce qui est un Avertissement, & un reproche aux François, *d'avoir profané & pris en vain le nom de la Paix pour amuser les Alliés.*

Voici encore un autre Medaille qui a été frappée sur le même sujet. D'un côté paroît le Temple de Janus, qui est ouvert & entouré d'épines & de ronces, qui defendent l'avenuë de ce temple: l'autheur a voulû par là faire allusion à la Ville de *Doornick*, ce qui veut dire en Flamand *Epineux*; parce que cette importante place étoit une des plus fortes qui defendoit l'entrée de la France réprésentée par ce temple entouré de ronces & d'épines! simboles des fortifications extraordinaires, & des mines dont elle étoit defenduë. Mais a présent que les Alliés sont maîtres de cette place, elle leur procurera la Paix, à cause qu'elle leur ouvre le passage pour entrer en France: ce qui obligera le Roi a y donner les mains. Dans le contour on lit ces mots Allemans.

DIE BAHN ZUM SIEG.

Ce qui veut dire, *que c'est le chemin à la victoire,* dans l'exergue on lit.

UND FRIED IST D'ORNICHT.

Ce qui veut dire, *que la Paix est épineuse.*

RE.

REVERS.

On lit fur le Revers cette Infcription , qui eft renfermée entre deux branches de vignes chargées de fruits. l'Infcription eft allemande expliquée avec des lettres Majufcules qui forment une Chronologie de l'année qu'elle a été prife.

HILFT GOTT SO KNA MAN IETZ BEI D'ORNEN FRISCHE
TRAVBEN LEEZEN.

C'eft-à-dire , fi Dieu , nous benit , nous pourrons à prefent parmi les épines cüeillir de beaux raifins frais. 1709. Cette prife a encore fervi à rompre le deffein qu'avoient les François de furprendre *Oftende* cette même Campagne : comme s'ils avoient en peur pour la Ville *d'Ipres* , faifant courir le bruit que c'étoit pour renforcer la garnifon de cette place, qu'ils en avoient fait paffer d'autres à la fourdine & par Pelotons dans les villes de *Furnes* & de *Dunkerke* , & dans celle-ci ils tenoient fix galéres prêtes & autant de demi galéres, fur les quelles fes troupes devoient être embarquées, & arriver par mer pour furprendre *Oftende* , pendant que d'autres s'y rendroient par terre. Ils avoient *trois milles* fafcines pour fervir dans ce fiege, mais tous les preparatifs de ce projet demeuroient inutiles par la prife de *Tournay* , qui arriva beaucoup plûtôt qne le Maréchal de Villars ne fe promettoit, & par la contenance ou l'on fe mit de le forcer à une Bataille ; ce qui l'obligea d'appeller toutes fes troupes & de reünir toutes fes forces qui n'étoient pas trop grandes pour fe defendre & fe foutenir, comme l'experience l'a fait voir. Autrefois les deffeins de la France fourdement difpofés & conçûs reüffiffoient tous ; par ce qu'on ne penfoit qu'à faire la guerre par devant, & que les trahifons & les furprifes n'ayant rien de la veritable valeur, on s'y trouvoit toûjours pris ; mais aujourd'huy l'experience qu'on a faite fi fouvent de ce genre de combattre par des coups fourrés , ayant obligé les autres Puiffances à être fur leurs gardes, les entreprifes müettes ne reüffiffent plus ; la grande & vigoureufe prévoyance de pourvoir à tout rendent leurs deffeins fans effet, les vierges folles qui n'avoient point d'huile dans leurs lampes étant toutes mortes, & les autres fe trouvant pourvuës & courant au combat comme à la nopçe, quand les époux de fang fe préféntent pour corrompre la fidelité & la candeur de quelque place : *ou eft vôtre Grand Conquerant ? l'homme immortel ? ce Soleil qui devoit tout bruler par fes*
rayons ?

rayons? Il fe voit terraffé & repouffé jufques dans fon propre Royaume. ou eft tu *Chevalier de Jant* avec tes fottes prediétions de *Noftradamus* & tes fuperbes Medailles, & tes retorfions de certaines Medailles très modeftes frappées en Hollande, toi qui ofe accrediter comme des oracles d'un Efprit vrayement Prophetique les fottifes de *Noftradamus*, avec l'impudence de dedier au Roi même les explications ridicules de ce vifionnaire. Il n'y.a perfonne qui ne fçache que *Noftradamus* étoit un miferable medecin, à qui l'efprit tourna fous le regne de Henri II., pour vouloir étudier les aftres & devenir aftrologue, qu'il étoit auffi mauvais poëte, que mal habile dans les connoiffances de la medecine & des aftres, comme on le voit par la rapfodie de fes Centuries en rimes, aux quelles d'auffi pauvres efprits que le fien, comme Monfieur foy difant le *Chevalier de Jant*, fe font efforcés de donner des fens qui indiquent divers evenemens arrivés en Europe, qu'ils pretendent y trouver predits, parce qu'entre une infinité de paroles enoncées & mifes fans ordre & fans raifon, ils en appliquent quelques unes à ces evenemens. On ne peut mieux confondre la miferable prefomption de l'interprete nommé, qu'en lui demandant maintenant comment s'eft trouvé verifié l'oracle qu'il a eu la hardieffe de debiter au Roi, par lequel fon pretendu prophéte lui prédifoit pofitivement & très clairement, qu'il emporteroit l'an 1672. & demeureroit le maître de toutes les Provinces Unies, & de l'Empire, & que l'an 1700. il domteroit la Paleftine ! C'étoient alors des evenemens dont il n'étoit non plus permis de douter que de la clarté du Soleil en plein midi, & le *Chevalier de Jant* voyoit fi clair dans le fens des vers & des fixains qu'il y applique, que toutes les lanternes de France n'auroient pû apporter plus de lumiére à ces endroits là qu'il y en voyoit: la même berluë lui faifoit auffi voir *l'Armée* que le Roi employa du temps de l'invafion de la Hollande comme *la plus nombreufe qui eût jamais été mife en pied dés la fondation de la Monarchie Françoife*; & cependant de combien peu de durée furent ces triomphes ! Il peut vous le dire s'il vit encore, & le voirdans quelques autres fixains de *Noftradamus*, qu'il n'avoit pas encore confultés, quand il fe hâta fi fort de chanter ces victoires des armes Françoifes qui s'en vont a rien, s'éclairciffant ou plûtôt s'obfcurciffant tous les jours.

Monfieur le *Chevalier de Jant* tout occupé la prémiere année de la guerre d'Hollande, de la vifion des Grandeurs & des Triomphes du Roi,

ne

PAG.89
SOL.
STA
PRINCE DHOLLANDE
XII.SEP.1673
OU . ALLER .
IL NE SCAIT .
XIII NOV 1673

ne pouvoit ſouffrir que les Etats Généraux, ayant procuré quelques années auparavant la Paix d'Aix la Chapelle, eûſſent exprimé les heureux
ſoins qu'ils avoient apportés à cette pacification par une Inſcription que
ſon cerveau à l'envers lui fit tout renverſer pour y trouver de quoi in-
ſulter ces Provinces. Il ne croyoit & ne prévoyoit pas ſans doute que
ſon renverſement étoit un veritable contre ſens qui ſe decouvrit peu de
temps après, lorſque les oracles de ſon pretendu prophéte demeurerent
dementis par un évenement tout contraire à la prediction, & par la neceſſité qui obligea le Roi de remettre à d'autres ſiécles à venir la conquête permanente de la Hollande. Il étoit alors occupé à *rembarrer*,
comme il la dit, *l'inſolence de la peinture* des Etats Généraux par la fou-
droyante application des vers deſtructeurs de *Noſtradamus*, *pendant que
ſa Majeſté très chrétienne leur repondoit avec la bouche de cent pieces de Canon*, *& les bras victorieux de cent mille ſoldats*; il étoit alors occupé dans
ſon laboratoire de cuiſine ou dans ſa menagerie prophetique à former ce
* fromage, qu'il oppoſa dans le même temps avec tant de bonheur aux
rayons du *Soleil* que *Joſué* avoit *arrêté*, & qui rompit la baguette & les
charmes de cet enchanteur; en ſorte que le Soleil continüa la courſe
de ſes victoires: la choſe cependant ne paroiſſoit gueres ſenſée, puiſque
ſi ce Soleil eût été veritablement arrêté & fixé ſur les Provinces Unies
comme il étoit alors, ſon triomphe n'auroit pas été comme il fut, le
triomphe d'un jour permanent, & par l'ardeur de ſes rayons il eut fon-
du tous les fromages d'Hollande, & en auroit fait couler la graiſſe dans
le Goſier des François, qui l'attendoient la bouche ouverte, & s'en
ſeroient donné à cœur joye. Mais par malheur le *cheval* qui étoit repréſenté dans le revers par la retraite précipitée des François de ces Provinces, a qui on avoit ôté toute ſorte de *frein* & de *bride*, & que les flatteries auſſi bien que la force de ſon genie emportoit à droite & à gauche, ayant quitté cette carriere ne *ſçût* veritablement *où aller*; & quoi
qu'il fit encore quelque ravage dans les Pays-Bas Eſpagnols, il fut contraint à la fin de retourner à ſon ancien ratelier. Ce fut par *une reſolution
auſſi généreuſe que celle des Republiques de Sagunte & de Numance*, *que les
Provinces Unies previnrent leur fatale deſtinée*, non pas dans le ſens que le
pauvre *Chevalier de Jant*, mal informé de l'hiſtoire ancienne cite leur
exemple & leur reſolution, avec un contretemps auſſi pauvre d'eſprit

M

que

* *Medaille frappée pour la priſe de Narde par la Prince d'Orange.*
* *Medaille frappée pour la retraite précipitée des François de la Province d'Utrecht.*

que de verité, puisque ces villes ne cedérent aux armes de leurs ennemis qu'à la derniere extremité, au lieu qu'il les donne pour modéle d'u-
ne prompte soumission qui prevint leur malheur, que les Hollandois
ont évité par une defense enfin victorieuse contre les attaques de leurs
ennemis.

Monsieur le *Chevalier de Jeant* encouragé par les chimeriques succés
de la guerre d'Hollande, predite par les *Propheties de Nostradamus* y trouve encore le reste du regne du Roi très chrétien, qu'il y décrit sous le
simbole & le nom de *Phœnix*, qu'il applique à sa Majesté par un ouvrage
exprés sous le titre de *Propheties de Nostradamus sur la longueur des jours
& la felicité du Regne de Louïs XIV.*, qu'il dedie à sa Majesté après *l'honneur quelle lui avoit fait de recevoir cinq mois auparavant son prémier ouvrage sur les predictions & les heureux succés de la guerre d'Hollande, qui
avoit verifié que cet autheur étoit un veritable Prophéte. Le grand succés,
dit il, l'avoit encouragé à lui presenter encore ce qu'il avoit trouvé dans les
centuries de plus rare & de plus singulier, sçavoir le Panegyrique qu'il a
fait de sa Majesté en douze vers si expréssifs & si energiques en deux sixains
qui meritent d'être gravés sur des lames de Bronze & en lettres d'or, afin
de les apporter au temple de la gloire, ainsi que les anciens y mettoient les
predictions des Sibilles & des Oracles.* C'est en effet dans ce temple chimerique de la gloire, où les anciens n'ont jamais pû mettre les predictions des Sibilles & des Oracles, puis que ce n'est que dans l'esprit
chimerique des flatteurs, que Monsieur le *Chevalier de Jant* a pût placer les *Propheties de Nostradamus* & ses applications; la verité de l'histoire où l'on cherche la vie des hommes qui se sont distingués, n'ayant rien
qui puisse veritablement convenir au fait avec le quel on voudroit de-
signer les entreprises du Roi. Les applications même de Monsieur le
Chevalier de Jant, sont plus injurieuses à sa Majesté très chrêtienne qu'il
ne pense: Car de le louer selon la vision prétenduë prophetique de *Nostradamus*, que ce *Phœnix verra mourir devant lui*, en lui mettant devant
les yeux tant de sang effectivement répandu dans l'Europe depuis environ quarante ans, comme des predictions que lui seul, & peut être
quelques uns de ses sujets ont crû bien fondées, & que le reste de l'Europe croyoit tout au contraire: C'est lui presenter un objet capable d'inquieter sa conscience, plûtôt qu'un grand sujet de complaisance à s'en
souvenir.

II

Il y a encore plus : c'est qu'on lui veut persuader sur la foi du même Prophéte, que *jusqu'à cent septante ans ce Phœnix doit demeurer sur la terre.* Une telle promesse ne pouvant passer que pour la vision d'un fou achevé, & que pour en imposer au Roi qui n'a aucun sujet de se flatter qu'il aura une si longue vie. C'est en vain que le *Chevalier de Jant* ce faux Prophéte, dit qu'il faut prendre ces vers à re bours & lire jusqu'à septante six ans. Car ce n'est pas prendre les vers à rebours, mais ôter cent ans d'un calcul si clair & si exprés, qu'il ne peût souffrir aucune interpretation qui ne le demente ; mais quand même il s'en faudroit tenir à la fausseté de son interpretation, c'est encore une témérité & une reverie d'aller annoncer au Roi sa mort certaine aprés septante six ans de vie; à un Roi qui a envie d'en vivre encore bien d'autres s'il le peut, & qui a effectivement besoin d'un terme bien plus long que celui de quatre ans qui lui resteroit à vivre selon cette prediction, pour remettre la France en l'état ou elle étoit il y a une trentaine d'années. *Charlemagne le plus grand de tous les Rois qui ait regné en France jusqu'à present,* comme il le dit, *n'a vecû que septante deux ans.* Ce qu'il ajoûte que *le Roi le surpassera en tout, soit en longueur de vie, soit en grandes actions,* n'est connu que de Dieu seul quand au premier, & trouve deja, & trouvera encore à l'avenir beaucoup d'incredules quand au second ; puisque Charlemagne n'a employé ses armes que contre les Saxons infideles pour les attirer à la foi en les subjuguant, & que les autres guerres qu'il a faites ne lui sont pas trop glorieuses. Mais enfin quand même la durée de la vie du Roi dont il devroit employer tous les momens pour se preparer à mourir auroit un si long terme, là comparaison du *Phœnix* étoit trop belle, & les triomphes prédits trop éclatans pour n'en pas faire une Medaille qui canonisât en même temps le Roi & le Prophéte. Monsieur le *Chevalier de Jant* l'a fait ou quelqu'un pour lui Nous vous en donnerons la figure pour vous satisfaire : elle represente d'un côté un Phenix qui se brûle sur son bucher aux rayons du soleil, avec cette Inscription au tour.
UNICUS IN TERRIS PHOENIX, SOL UNICUS ASTRIS.
Ce qu'il explique ainsi.

> *Le Phœnix de nos Rois que l'astre du jour flatte*
> *Dans son bûcher ardent sous le Soleil éclate;*
> *L'un & l'autre n'a point au monde de pareil,*
> *Sur la Terre un Phœnix, dans les cieux un Soleil.*

M 2

R E-

REVERS.

Dans le Revers de la Medaille, on voit la chevelure ou les rayons du Soleil sans face, au milieu de laquelle on voit un dessein de la Ville *d'Utrecht*, au tour de la quelle on voit aussi les desseins de douze autres villes de la Hollande, avec ces mots gravés sur le travers des rayons du Soleil.

SOL TIBI SIGNA DABIT.

Ce qu'il explique ainsi.

> *Regarde du Soleil le signe*
> *A toutes leur place il désigne.*

Et par ce que cette explication ne disoit rien de precis ni de clair, il adjoute.

> *Le Phœnix de nos Roys par un cours sans pareil*
> *Parcourt plus de maisons que ne fait le Soleil :*
> *Car si l'un dans un an douze signes visite,*
> *L'autre prend dans un mois douze villes de suite.*

Monsieur le *Chevalier de Jant* seroit faché sans doute, qu'on lût une si riche production de son Esprit ou de sa plume sans reflection, la chose en meritant de si grandes & de si nombreuses : de sorte que comme il ne pût voir les Medailles frappées en Hollande après la paix d'Aix la Chapelle, sans en dire son sentiment ; il ne trouvera pas mauvais que nous disions le nôtre sur la sienne. La plus naturelle reflexion qu'on puisse faire est, que si on peut d'ailleurs disputer au Roi sa comparaison avec le Soleil & le Phenix ; elle est ici mise à propos & très véritable par rapport à l'entréprise qu'il forma l'an 1672. sur les Provinces Unies. Il y eût en effet un Phenix qui se consuma en preparatifs secrets & publics pour y reüssir, & qui après s'être ainsi consumé laissa la vie & l'honneur de la conquête à un autre qui nâquit des cendres de ses desseins reduits en fumée. Le nouveau Phenix fut le Prince d'Orange qu'on rétablit dans les emplois & dans les dignités de ses Ancêtres, qui devoit par son mérite devenir un jour Roi d'Angleterre, le Phenix & l'unique Moderateur de l'Etat, & de ses Provinces où le Roi avoit voulu s'établir ! Le Roi Louïs fut un Soleil qui ne fit en effet que passer, & ne reluisit qu'un petit espace de temps sur cet Hemisphére ; son Royaume n'étant pas de ce monde, mais d'un autre, qu'il ruine, qu'il desole & qu'il consume selon son *bon plaisir.* La

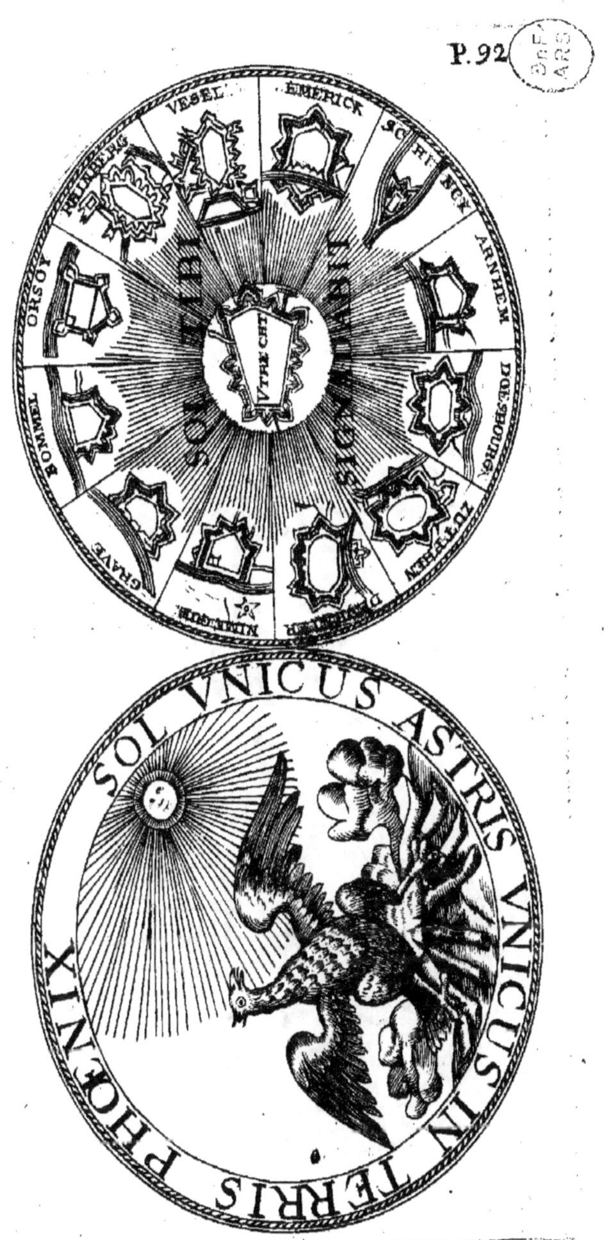
SOL VNICUS ASTRIS VNICUS IN TERRIS PHOENIX

IL NE SCAIT · OU · ALLER ·
XIII NOV. 1673
SOL.
STA
FRANGE D'HOLLANDE
XII · SEP · 1673

La feconde reflexion eft que la penfée d'unir en une même Medaille le
Phenix & le Soleil, étoit tout à fait propre pour expliquer le fuccés
des deffeins du Roi de France fur la Hollande ; comme Phenix il eft feul
qui les approuve, & qui fe detruit au feu de fon ambition pour les exécuter : & comme Soleil il s'amufe à faire perir un oifeau, dont les cendres
font immortelles, qui lui échappe & qui fubfifte dans fon entier plus
vif & plus vigoureux qu'il n'étoit devant qu'il l'eût attaqué. Cette Alliance, dira peut être quelqu'un, n'eft pas trop heureufe ; & fi on ne gagne
que des flammes & de la fumée en loüant ainfi ce Soleil, on ne doit
avoir que des larmes pour deplorer le deftin d'un Prince, qui en fe confu-
mant confume auffi fes fujets & le refte de l'Europe par les guerres qu'il
y excite. Mais que ferat-on que pleurer ? Monfieur le *Chevalier de Jeant*
vouloit dire de grandes chofes en toute maniere, & on fçait que les
grands bruits nous étourdiffent, & rendent quelques fois les hommes
fourds, & incapables d'entendre dans la fuite les voix même les plus moderées. La troifiéme reflexion eft fur la fingularité des peintures des rayons
privés de la face du Soleil, comme a fait Monfieur le *Chevalier de Jant*
quand il a décrit la devife de ce corps fans corps fur des rayons. On a
fujet d'admirer en effet tant d'éclat & tant de louanges fans fondement,
puis qu'il n'y a rien de merveilleux, & qui merite qu'on vante fi fort
les avantages que remportent quatre Armées fur un état furpris, & qui
n'ayant jamais donné fujet de craindre d'être maltraité, fe voit attaqué
lors qu'il y penfe le moins. C'eft la veritablement une gloire à écrire
en l'air, puifque dés qu'on fçaura comme la chofe s'eft paffée, chacun
croira avoir fujet de dire *autant en emporte le vent.*

La cinquiéme rareté eft d'avoir fait peindre la Ville *d'Utrecht*, au milieu de fes rayons & à la place du vifage de Soleil ! extravagance qui paroit incomprehenfible plus on s'étudie à la comprendre ; fi le *Chevalier
de Jant* a voulû par là indiquer que la feule Ville *d'Utrecht* eft digne
d'être placée dans le fein de la gloire, & au milieu des rayons les plus
éclatans dont les Hiftoriens fe fervent pour rendre une Ville Illuftre ; les
bourgeois de cette Ville & leurs amis n'en feront affûrement pas fachés :
mais quel rapport à cet éloge à la guerre de l'an 1672.! puifqu'elle eût
le malheur comme les douze autres exprimées dans le tour de la Medaille d'être mife au nombre des conquêtes du Roi & de pleurer la perte de
fa liberté ! Eft-ce que Monfieur le *Chevalier de Jant* a voulu faire un vi-

M 3

fage

fage de pierre à fon Soleil avec des murailles de cette Ville : le mafque eft un peu péfant & groffier ; & les moins favorables au deffein du Roi dans la conquête de la Hollande, fe contentent de dire qu'ayant cherché par-la à s'introduire dans le temple de la gloire, il trouve *vifage de bois*, & ne peut y être reçû.

Au refte fi le chef d'œuvre du Soleil felon l'explication du *Chevalier de Jant* regarde la Ville d'*Utrecht* & les douze villes marquées *defignent toutes leurs places*, il n'eft pas fi grand ; & le Roi qu'on prend pour un Soleil, fe pouroit epargner la peine de parcourir ce zodiaque, puifqu'après fa courfe ou d'un mois ou d'un an, les fignes reftérent en leur place, & que rien ne demeura derangé que lui même qui n'avoit pas envie de courir, mais de fixer fon fejour dans la Hollande, ou du moins d'y fixer celui de fes Officiers & de fes Gouverneurs. Monfieur le *Chevalier de Jant* fe montre judicieux en ce qu'il applique tous les grands fuccés de cette guerre au temps futur.

SOL TIBI SIGNA DABIT, & non point au prefent, ni au paffé, par ce qu'il n'a point fait de conquête qui ait eu un effet permanent, & qu'il y a encor moins aujourd'huy d'efperance pour lui que jamais de fubjuguer ces Provinces : de forte que les Medailles, & les panegyriques à les prendre & à les entendre dans leur vray fens ne difent autre chofe, fi non que le Roi eût envie de prendre & de fe rendre maître de la Hollande, & qu'il n'y reüffit point non plus que de tous les autres Etats qu'il a tâché de s'approprier dés qu'il a fait la guerre, fçavoir la Lorraine, les Pays-Bas Efpagnols, l'Italie, & enfin toute la Monarchie d'Efpagne, & qui feront dans tous les fiecles des fignes & des preuves qu'il a données d'une paffion infatiable d'arriver à la Monarchie univerfelle dont il eft aujourd'hui fi reculé, qu'il peut bien prier le ciel (fi cette penfée lui tient encore) de differer de plufieurs fiecles la fin du monde pour lui donner le temps de faire d'autres preparatifs. Cet autre Medaille a été frappée à *Nuremberg*, qui d'un côté répréfente les deux Généraux des Alliés, le Prince Eugéne de Savoye, & la Prince Duc de Marlboroug, on lit au tour.

EUGENIUS FRANCISCUS SABAUD. JOHANNES DUX
D. MARLB. S. P. J. P.

Ce qui veut dire, *François Eugéne Duc de Savoye, & Jean Duc de Marlboroug Prince du Saint Empire.*

RE-

REVERS.

Dans le revers vous voyés un Soleil qui se couche, & laisse sur l'Ho-
rizon une luëur de sang avec ses mots qu'on lit au tour.

CRUENTUS OCCIDIT.

Ce qui veut dire, *que le Soleil François se couche tout sanglant*, dans
l'exergue on lit ces autres paroles.

GALLI AD MONTES HAN. VICTI.
ANNO MDCCIX XI. SEPT.

Ce qui veut dire, *les François vainçûs auprès de Mons en Hainaut l'année* 1709. *le* 11. *Septembre.*

Par ces emblemes, on nous fait entendre le Roi de France ayant le
Soleil pour sa devise. On voit bien qu'on entend parler de lui, quand on
le répréfente sur son declin, c'est-à-dire, humble & abbatû: Ce qui lui
est arrivé cette Campagne trois fois, par la prife de deux villes importantes & particulierement par la Bataille que ses deux Maréchaux ont
perdû, ce que cette Medaille regarde principalement; il semble qu'il
y ait un destin particulier qui fait trouver des contre coups dans les choses mêmes qui font nos plus grands plaisirs. Avec combien de complaisance n'a t'on pas vû les François s'epanoüir sur le simbole du Soleil,
qu'ils attribuoient à leur Roi comme l'image la plus éclatante sous laquelle ils croyoient répréfenter sa gloire? Cependant cette image mé-
me étoit à la bien prendre, un augure de la caducité de cette gloire,

qui

qui après avoir fait pendant quelques heures figure aux yeux du monde, iroit naturellement & indispensablement se perdre dans l'obscurité & dans l'oubli. Ce Soleil se léve, se fait voir, & se couche tous les jours, & ses revolutions, sa chûte, & la perte de son éclat lui sont aussi naturelles que l'éclat même qui éblouït ceux qui croyant y trouver des merveilles, se perdent à l'étudier, & à le regarder trop fixement: Ce qu'il y a encore de plus facheux est qu'on ne peut appliquer à aucun homme le privilege qu'a le Soleil de renaître le jour suivant, après qu'il a été contraint d'ensevelir sa lumiére dans les ténébres de la nuit précédente: Un Roi n'a qu'une vie à perdre comme le moindre des hommes, des qu'il en est une fois privé s'il a eû le malheur de la finir dans la honte & dans l'adversité, il perd toute sa gloire passée, quelque brillant qu'il ait été par des prosperités & par des triomphes. Les ténébres de ses malheurs à venir obscurcissent tout ; & on ne parle plus de lui que comme d'un Prince qui a malheureusement terminé sa carriere, & qui n'est plus fameux que par ses disgraces.

La chûte du Soleil est tres propre pour exprimer non seulement le declin naturel des grandeurs humaines , mais encore pour en faire voir l'indispensable nécessité qui les pousse à ce declin, particulierement si on parle des Princes qui se sont rendus grands par des conquêtes, qui est l'endroit par ou on a tant élévé le Roi de France. Un Roi qui par succession se trouve Souverain d'un Etat borné, ne peut devenir grand qu'aux depens de ses voisins qu'il dépouïlle de leurs villes ou de leurs provisions pour en acroître son Royaume. La foiblesse de ceux qu'on dépouïlle les oblige quelque fois à souffrir la violence, & à se consoler dans la seule satisfaction qu'ils ont de pousser des plaintes : Mais la continuätion de ces violences éveille à la fin ceux qui paroissent les plus indolens, & les moins interessés dans la cause des depouillés; & la crainte de pouvoir un jour être exposés aux même dangers, les arme à la defence de ceux-ci pour l'interêt du repos commun , & leur sûreté particuliere. C'est ne rien voir dans le train des choses du monde, ou vouloir s'aveugler soi même, que de s'imaginer qu'il n'y a qu'à piller sous quelque pretexte que ce soit, quand on ne trouve personne qui vienne donner des bornes à l'ambition la plus outrée. C'est ce qui semble que la France ait entrepris, quand à titre de dependance, de reünions, & d'autres prétextes aussi frivoles , elle s'accommodoit de tout ce qui pouvoit lui

tomber

tomber fous les mains fans vouloir en prévoir la fuitte inévitable : car il devoit fçavoir que l'Europe offencée de ce mépris qu'on faifoit de tous les traités, de tous les accords, de toutes les renonciations, & de tous les fermens fe remuëroit à la fin, & oppoferoit la force à la violence, & en feroit ceffer le cours. On ne doute point que la France ne fe foit encore flatée que les lignes qu'on feroit contre elle, ne feroient à la fin qu'un vain obftacle à fes ufurpations, & qu'elle trouveroit le moyen de les rompre & de continuër fes infultes & fes ufurpations : Mais cette imagination même marque la folie de fes Efperances ; puifque s'il eft vray qu'on rompe quelques fois des ligues en faifant trouver à un Prince quelque avantage plus confiderable, & plus grand que celui qui l'uniffoit à fes Alliés ; il n'eft eft pas de même quand l'interêt commun de tous les a uni ; parce qu'alors aucun avantage particulier ne le peut tenter, & qu'au lieu de faire fes affaires en abandonnant fes Alliés, il les ruïne encore davantage, & fe rend ennemis ces mêmes Alliés, qui demeurent expofés aux violences de celui contre lequel ils fe font unis.

Le faftueux fimbole du Soleil n'a donc rien moins que l'idée d'une gloire permanente & folide, puifque par le cours de fa revolution ordinaire, il exprime le declin de fa fplendeur, qui au bout de quelque temps s'obfcurcit naturellement & invinciblement. Les Princes les plus glorieux brillent pendant quelque temps au yeux du monde, puis ils difparoiffent ; & fouvent après leur mort on les charge.de plus de maledictons & de reproches, qu'on ne leur a donné de louanges, & d'applaudiffemens pendant leur vie. Les Alexandres & les Cefars aux quels les flatteurs ont fi fouvent comparé le Roi de France, qu'ont il eu pour recompence de leur valeur, que ce Prince ait fujet de leur envier ? l'un eft mort au bout du monde embaraffé des conquêtes qu'il avoit faites, & qui lui échappoient de tous côtés : outre cela, l'un eft mort de poifon, & l'autre ayant eû le plaifir de fubjuguer fa proprie Patrie & de defaire fes ennemis, fut affafiné par fon propre fils engagé dans la conjuration de ceux qui ne le pouvoient point fouffrir dans l'élévation où il étoit monté! La chûte de ces deux prétendus Soleils fut fanglante. On ne veut pas dire que celle du troifiéme le doive être : mais s'il a les fentimens d'humanité & de pitié que doit avoir un Prince fimplement chrêtien, l'effufion de tant de fang répandu, & par ceux dont il fe fait ennemis & par fes fujets qu'il a employé dans fes guerres, & qui rend fanglante la

N

fçene

fçene de fon declin, ne le touche t'elle point, & lui paroit elle fi peu de chofe qu'il veuille continuër à foutenir fon éclat à un fi haut prix? ne devroit-il pas plûtôt rendre la vie à tant de victimes innocentes en acceptant la paix, & en laiffant aller ces vaiffeaux mêmes qu'il ne fçauroit élever fi haut, qu'ils puiffent être hors des atteintes de ceux qui travaillent à les lui reprendre.

Cette Medaille en toute maniere n'eft pas fi offenfante que celle qu'on fit battre à Paris, pour la prife que le Roi fit de la Ville de *Mons* en 1691. où la legende difoit que le Roi l'avoit prife à la vuë, & en depit des efforts de toute l'Europe. Voici l'Infcription qui étoit au tour TOTA EUROPA SPECTANTE ET ADVERSANTE. Parler ainfi, c'étoit confeffer de n'avoir pas un feul ami dans l'Europe; je ne dis pas feulement un ami, mais même perfonne qui regardât fans chagrin, & avec indifference ce qui paroit à fon égard, & qui ne s'oppofât à fes conquêtes: On laiffe aux François cette gloire de fe vanter, que leur Roi n'a pas un feul ami. Les Alliés n'afpirant point à une pareille gloire, joüiffent du plaifir de voir qu'on les confidére par toute l'Europe; & ceux mêmes qui n'ont pas le moindre interêt dans la guerre qu'on fait à la France, fe réjoüiffent des conquêtes qu'on fait fur elle, jufqu'à obliger le Roi de France à en temoigner fon reffentiment, comme il fit il y a quelques années contre des peuples qui fe rejoüiffoient qu'on lui eût pris une certaine Ville.

Cet autre Medaille a été frappée fur cette Bataille par Monfieur Chretien Wermuth Medaillifte à Gotha; c'eft une perfonne fort laborieufe qui a fait beaucoup de Medailles: d'un côté fe voit le Portrait du Roi de France avec la legende ordinaire.

LUDOVICUS XIV. D. G. M. FR. ET NAV. REX CHR.

Ce qui veut dire, *Louis XIV. par la grace de Dieu Roi de France & de Navarre & très chrêtien.*

R E V E R S.

Dans le revers vous y voyéz une plante de lis qui est foudroyé par deux foudres: cequi nous fait entendre le Prince Eugéne de Savoye, & Milord Duc de Marlboroug, qui ont attaqué ce Monarque dans ses retranchemens qui paroissoient inaccessibles & impraticables; qui ont forcé les François de fuïr & d'abandonner leur poste aux Alliés. Au tour on lit un seul mot qui forme une anagramme de l'année de la Bataille, qui se rapporte à l'Inscription qui est dans l'exergue; là voici comme on la lit sur la Medaille au tour.

LILICIDIUM.

Ce qui veut dire, *que les lis sont foudroyés,* dans l'exergue on lit.

FUG. GALLORUM TAINIERS ANNO SUPRA NOT. XI. SEPT.

Ce qui nous fait entendre: *que les François s'en sont enfuis à la Bataille de Taniers, l'année est expliquée* dans le mot qui est au tour LILICIDIUM 1709. *le* 11. *Septembre.*

Dans cet autre Medaille que j'ay frappée sur le même sujet, & que j'ay fait servir dans mon illumination, d'un côté paroît le buste du Prince Eugéne de Savoye avec la legende ordinaire.

EUGENIUS FRANC. DUX SAB. CÆS. EXER. GENER. COMM.

Ce qui veut dire, *Eugéne François Duc de Savoye le plus fameux Général des Armées de sa Maj. Imper.*

R E V E R S.

Dans le revers on voit ce même Prince qui est assis sur un aigle avec

la

la foudre en main qu'il lance fur Phaëton, pour marquer la victoire qu'il
a remportée dans la Bataille de *Tainiers* par l'ambition du Roi de France, qui s'élévoit de tous côtés au prejudice de toutes les Puiſſances de
l'Europe. Dans l'Eloignement & ſur le fonds de la Medaille, on voit
l'Armée Françoiſe miſe en deroute, qui répréſente la realité de ce que
le ſimbole des deux figures poſées en l'air ſignifie : ſçavoir, que l'orgueüil
& l'injuſtice de celui qui revêtu du ſurnom & des forces du Soleil ne ſe
ſervoit des rayons de ſa puiſſance que pour troubler & inquieter le monde, a été chatiée, & les peuples incommodés de ſes armes, retablis
en liberté : les paroles qui animent cette double répréſentation ſont.

ARMATUS UT ORBEM RESTITUAT.

Ce qui veut dire, *qu'il eſt armé pour retablir tout l'univers.* Dans l'exergue on lit ces autres paroles.

PUGNA AD BLANGUIACUM XI. SEPT. MDCCIX.

Ce qui veut dire, *la Bataille de Blagni donné le* 11. *Septembre.* 1709.
Cet autre Medaille a été frappée ſur la priſe de *Mons*, qui a été emportée cette fois comme l'autre, par la force ſeule ; & quoiqu'il n'y eût point
de Roi qui *viſitât les travaux, qui conduiſit les attaques, & qui encoura-
geât les ſoldats,* ceux des Alliés ſans tous ces grands ſecours n'ont pas la-
iſſé de la prendre, à la vûë de plus de quarante cinq mille hommes comme l'autre fois ; puiſque l'Armée de France qu'on veut n'avoir rien ſouffert à la Bataille de Taniers, étoit beaucoup plus nombreuſe, & avoit
à ſa tête un Général qui ſe vantoit de n'avoir jamais été battu, & qui
cepandant n'ôſa entreprendre de le ſecourir, de peur ſans doute d'être
obligé *à faire la plus belle retraite du monde,* ou plûtôt d'être encore une
fois mis en déroute & acculé. Les Medailles qu'on dit avoir été frappées pour éternifer *les principaux évenemens du Regne de Louis XIV.*
ſont pleines de ſi faſtueuſes Inſcriptions, qu'il eſt à craindre qu'elles ne
faſſent d'autres impreſſions dans les eſprits de ceux qui les liront après la
mort du Roi, & après que (comme tout s'y diſpoſe) les choſes auront été remiſes en leur place, que deviendront ces belles deviſes,
NEC PLURIBUS IMPAR, *le* TERROR HOMINIS, REX VICTOR
ET LOCUFLETATOR, *le* VIBRATA IN SUPERBOS FULMINA
l'ASSERTUM MARIS MEDITERRANEI IMPERIUM, *le* VIRTUS
GALLICA, *le* DIVES TRIUMPHI GALLIA, l'ETERNITAS IMPE-
RII GALLICI, *le* SECURITATI PERPETUÆ, *le* VICTORI PER-
PETUO : ce ſont des flatteries qui ne ſont pardonnables qu'à des Eſprits

ram-

rampans, & accoutumés à tout loüer par principe d'interêt, ou d'une crainte servile qui ne croit jamais pouvoir se rendre agreable que par des dernieres bassesses. Les François ne seront pas les seuls qui écriront ce qui se passe aujourd'huy. On trouvera ailleurs que dans leurs écrits les choses exprimées par leurs propres noms, qui donnent des idées tout autres de là plus grande partie des Evenemens qu'on fait sonner si haut, où il y a plus de sujet de rougir, que de se glorifier. On s'assure que le Roi reconnoit lui même qu'il est véritablement *impuissant* à la soutenir *contre les Alliés*, & que s'il le fait, ce n'est qu'en abimant ses sujets, & en souffrant de très grandes pertes ; que la terreur de son nom n'est pas si grande qu'on le lui fait accroire, puisque des petits Princes ne veulent pas accepter ses offres & refusent hautement de lui obeïr. Il voit par experience que *ses victoires* au lieu *d'enrichir le Royaume* le ruinent entierement, que ses pretendus foudres dont il brule cinq ou six maisons d'une grande Ville qui ne l'avoit pas offencée, n'ont fait qu'allumer le depit non seulement des Genois, mais encore de tous les Princes qui comme eux n'étant pas en état de se mesurer avec lui, sont exposés à souffrir le chatiment des fautes qu'ils n'ont jamais pensé de commettre, & seulement pour se consoler du chagrin qu'il ressentoit d'être insulté & meprisé; que *l'Empire* dans *la Mediterranée* dont on le flattoit, étoit une vision toute pure, puisque tout y est aussi au large après qu'il s'est attribué cet Empire qu'il l'étoit auparavant, & que personne n'a voulu se rendre ni changer, quelque menace ou quelque resolution qu'on eut prise à Versailles de faire adorer son pavillon par toute sorte de Vaisseaux. Il reconnoit que le grand éclat de la *valeur des François* qu'on jettoit aux yeux de tout le monde, a été entierement éclypsé par les dernieres Batailles de *Schellenberg*, d'*Hoogstet*, de *Turin*, de *Ramilly*, d'*Oudenarde*, & de *Blagny*, & que ses vieux *triomphes* étoient des *richesses* pouries sur lesquelles la mousse a crû, & qui ne sont plus respectables que par leur antiquité & par leurs barbes. Il avouë enfin que le *vainqueur perpetuel* ayant cessé de vaincre, & les barrieres de son Royaume ayant été forcées, la *sûreté perpetuelle* & *l'éternité de son Empire François* n'est plus aujourd'huy appuyée que sur l'empressement, & le travail de faire des lignes pour se couvrir, & sur des retranchemens doubles & triples pour s'empécher de combatre, & d'en venir aux mains. Mais de toutes les Medailles que Messieurs les Oisifs de la Sinagogue Academique des Me-

N 3

dailles

dailles de Paris ont fabriquées pour flater & entretenir le Roi dans la complaisance de sa ruineuse ambition, il n'y en a point de plus mal imaginées que les dernieres qu'ils ont frappées sur l'avenement du Duc d'Anjou à la Couronne d'Espagne : ils veulent que ce Prince ait été accordé par le Roi aux vœux des Espagnols comme nous le fait entendre l'Inscription qui est au tour du Revers de la Medaille, que voici.

REX HISPANORUM VOTIS CONCESSUS.

C'est le faire entrer par la porte de l'usurpation dans l'Espagne, & puisque ce n'est ni le droit, ni la justice qui l'ont fait monter sur le Trône, il n'y eût que trois ou quatre Espagnols qu'on a eû soin de gagner, & de corrompre, qui demanderent une Puissance étrangére, qui n'a aucune superiorité en Espagne, car c'étoit aux loix & a l'ordre legitime de la succession ; & quand le legitime successeur eût manqué, c'étoit aux Etats & à l'assemblée de tous les grands & de toutes les villes de la nation qu'il falloit recourir, non pas à un Prince qui a employé des artifices, & des voyes inconnuës à tous les conquerants pour s'aggrandir. Or il est constant qu'il n'y a eû que quelques Espagnols qui ayent donné leurs suffrages au Roi de France pour lui donner un pretexte d'envahir l'Espagne, & de la gouverner sous le nom de son petit fils, comme nous le fait fort bien entendre cette Medaille, ou d'un côté paroît le buste de Philippe avec la legende ordinaire qu'on donne aux Rois d'Espagne.

PHILIPPUS V. HISPANIAR. ET INDIAR. REX CATHOL.

Ce qui veut dire, *Philippe V. Roi d'Espagne & des Indes Catholique.*

REVERS.

Vous voyés le Roi de France qui eſt aſſis deſſous un Pavillon qui eſt tapiſſé de fleurs de lys. Sur le dos de la chaiſe ſe voit un Soleil, qui s'appuye ſur une table, & qui tient de la main gauche le monde, & de la droite un ſceptre. Il a l'Ordre du St. Eſprit à ſon côté, & à ſes pieds on voit les armes d'Eſpagne, & ſur le côté ſe voit l'Eſpagne répréſentée ſous la figure d'une femme qui eſt en une poſture ſuppliante, & joignant les mains enſemble : Ce qui nous fait entendre qu'elle depend à préſent de la France & qu'elle a perdû ſa liberté, puiſqu'elle eſt à préſent ſous une eſpéce de Curatéle de ce Monarque ; comme nous le fait fort bien comprendre l'Inſcription qui eſt au tour.

MONARCH. HISPANIAR. SUB CURATELA.

Ce qui veut dire, *la Monarchie d'Eſpagne ſous une Curatéle.* Dans l'exergue on voit l'année MDCC.

Mais des Royaumes entiers l'ont fait connoître, quand ils ſe ſont déclaré contre l'uſurpateur, dés qu'ils ont crû le pouvoir faire ſans danger ; comme ont fait les Royaumes d'Arragon, de Valence, de Naples, de Sardaigue, la Principauté de Catalogne, le Duché de Milan, la Sicile, & tout le reſte de la Monarchie ; & depuis que le Roi a rappellé une partie de ſes troupes, dont il ne peut ſe paſſer lui même, quelque beſoin qu'en ait ſon petit fils pour garder l'Eſpagne, les Caſtillans demandent hautement au Duc d'Anjou d'ôter & de chaſſer le reſte des François des gouvernemens & des emplois qu'il leur avoit donnés par ordre de ſon grand Pére : Ce ſont la les brides par les quelles il les a forcés de ſe ſoumettre & de lui obeïr : leurs voix parlent aſſés haut, pour faire entendre que la nation n'a rien moins deſiré que le Duc d'Anjou, & que c'eſt contre ſon gré qu'on le lui à donné pour Roi. Mais s'il eſt vray pour ne pas dementir tout à fait la précédente Medaille de Mrs. les Academiciens que quelques Eſpagnols ont demandé le Duc d'Anjou ; par cela même ils font connoître qu'ils ont trahi leur Patrie, puiſque le Roi de France s'étoit trouvé ſaiſi de la Monarchie d'Eſpagne immediatement après la mort du Roi Charles II. & qu'ils n'ont pû faire cette demande que du vivant de ce Roi, en un temps où le Thrône n'étoit point vacant, & que leurs demandes étoit une demande de rebelles & de ſeditieux, qui ſans ſçavoir quelle étoit la derniere volon-

té

té du Souverain, recouroient à une Puiſſance étrangére pour lui livrer le Royaume. De plus, le Roi de France n'appuye ſon droit que ſur un teſtament, qu'il prétend avoir été fait en faveur du Duc Anjou ; d'ou vient que Mrs. les faiſeurs des Medailles ne parlent point de ce teſtament, & rendent leur Roi odieux, en lui imputant de l'avoir fait demander à un Roi par des gens qui n'avoient ni droit, ni commiſſion de le faire, dont deux en mourant, ſçavoir l'Amiral de Caſtille, & le Cardinal de Portocarero Archevêque de Toléde ont reconnû la fauſſeté de ce teſtament, & leur felonie & l'horrible trahiſon, par la quelle ils ont engagé l'Europe dans la plus ſanglante guerre qui fut jamais. Si la prémiere Medaille que ces Meſſieurs ont fait voir en France ſur l'élévation du Duc d'Anjou au thrône d'Eſpagne eſt injurieuſe au Roi très Chrêtien; la ſeconde frappée au moulinet du Roi très Chrêtien rend Meſſieurs de l'Academie auſſi ridicules aux yeux du monde, qui eſt tant ſoit peu informé de ce qui s'eſt paſſé depuis cinquante ans dans l'Europe. Ils ont répréſenté l'Eſpagne & la France qui ſe donnent la main avec ces mots.

CONCORDIA FRANCIÆ ET HISPANIÆ;

C'eſt une rareté en effet digne d'être frappée ſur une Medaille, que de voir la France & l'Eſpagne qui ſe donnent la main. Car comme la France a toûjours mâtiné l'Eſpagne à cauſe de la trop grande bonté de deux Rois qui ont regné les derniers, & qui quoique regnants donnoient les mains à tout, ne pouvant empêcher les préjudices que leur faiſoit un Roi, qui de ſon prémier avenement ſur le thrône a mis toûjours toute ſa gloire à voir de puiſſantes Armées, pour être en état de donner la loi & de faire tout plier ſous lui : C'eſt dije une rareté de voir la France donner d'une main ce qu'elle reprenoit de l'autre, & ſe jouër des traités qu'elle rompoit & renoüoit comme il lui plaiſoit, & comme dit une autre Medaille, qui a été frappée au même moulinet de la même fabrique de ces Meſſieurs.

PACE IN SUAS LEGES CONFECTA.

Selon ſon inclination & ſes deſirs. Il eſt étonnant que le Roi ayant toûjours preſcrit des loix dans les traittés de paix qu'il a faits, comme on lui en fait honneur, ces traittés cependant n'ayent jamais été à ſon gré : de ſorte qu'il fut toûjours obligé de les rompre pour avoir occaſion d'en faire de nouveaux. C'eſt ſans doute un myſtére que Meſſieurs de l'Academie

des

de Medailles auroient bien fait d'expliquer par quelque rare fimbole
pour le faire comprendre : mais il femble que ce que la legende de cette remarquable Medaille ne dit point, ces Meffieurs l'aïent voulu découvrir par l'explication qu'ils en ont faite, & qu'ils affûrent être le cou-
ronnement de l'œuvre, & le plus grand de tous les paradoxes dont leur
livre eft compofé ; jufqu'a ce qu'ils laiffent dans leur *Hiftoire Metalli-
que de ce Monarque in Quarto*, un côté en blanc, donnant par une grande prefomption lieu à quelque fçavant, pour en faire une critique, laquelle ne feroit pas fort difficile à trouver, que l'on pourroit faire imprimer fur leur même papier, fuivant cette Medaille : *Voici les François
& les Efpagnols ennemis depuis fi long-temps, & dont il fembloit prefque
impoffible d'accorder les interêts, étant défunis par l'ambition démefurée de
la maifon d'Aûtriche : quoique ces deux branches de cette fuperbe maifon ayent
toûjours eû en vûë d'abbatre la France comme la feule puiffance capable de s'op-
pofer au deffein qu'elles avoient de parvenir à la Monarchie univerfelle : cependant l'avenement de Monfieur le Duc d'Anjou à la Couronne d'Efpagne eft
une preuve inconteftable du peu d'antipathie des deux nations : elles ont una-
nimement concouru à s'allier enfemble & d'interêts & de fentimens. Le Con-
feil d'Efpagne a confié fans peine au Roi toutes les places des Pays-Bas Catho-
liques, & de plufieurs autres Provinces, en un mot tous les peuples de cette
Monarchie révérent à l'envi dans Philippe V. leur nouveau Roi le fang & les
vertus de fon ayeul.* Voila le nœud de la difficulté, voilà pourquoi les traités de paix n'ont point duré, & qu'il en a toûjours fallû faire de nouveaux, par l'ambition démefurée de la fuperbe Maifon d'Aûtriche &
le deffein qu'elle avoit de parvenir à la Monarchie ! ambition fondée fur
l'excés de fes forces, & de fes foins infatigables, quoi que très ruineux
à fes peuples, d'acroïtre fes prétenfions toûjours nouvelles fur quelques
villes, ou Provinces qui lui faifoit méprifer tous les fermens qu'elle avoit
faits de renoncer de bonne foi à des chofes qui ne lui auroient même jamais appartenû en rigueur de droit ; les chicanes pour eluder les traittés,
& les regler felon fon *Efprit* & fon interêt particulier, non pas fur la force des *paroles* les plus expreffes, le pretexte de dependance des pays entiers du territoire d'une ou de deux places, la crainte d'être prévénuë
en une guerre injufte, qui lui faifoit prendre les armes pour fe prévaloir
de l'occafion que fes ennemis étoient aux prifes avec les infideles, pour
toûjours à bon conte fe faifir des Provinces, les defolations & les ruines

O

im-

impitoyables des pays que la force majeure l'obligeoit à relâcher après les avoir usurpés sur le pretendu droit d'une femme incapable de succeder à des fiefs qui appartiennent aux mâles; l'erection des tribunaux de ses propres sujets pour avoir prétexte de donner des sentences nulles & illicites pour deranger tout le monde, & de chasser les Princes qui refusoient de s'y soumetre, & envahir les villes & les Etats, qui n'avoient que les larmes & le justice à opposer à cette tyrannie: toutes ces violences disje servoient à éxécuter ses injustes desseins. Enfin après avoir tourné & retourné toute chose en Europe à son gré pendant 36 ans, sçavoir dés l'année 1668. jusqu'à l'an 1700. elle supposa un testament à un Roi moribond pour envahir la plus vaste Monarchie de l'Europe, & commettre d'un seul coup une injustice qui surpassoit tous les autres attentats, qui n'avoient en vûë que des rapines particulieres. Voila comme on a enfin accordé les interêts de deux peuples ennemis depuis si long temps, parce que l'un ne faisoit que tourmenter, & l'autre que souffrir, en les rendant tous deux également esclaves des deux branches de cette superbe Maison, qui a toûjours eû en vûë d'abbattre la puissance capable de s'opposer au dessein qu'elle avoit de parvenir à la Monarchie universelle, ou son ambition demesurée servoit effectivement parvenuë, si on l'eût laissé faire comme elle se l'imaginoit quand elle se faisoit deferer le gouvernement de tout, & que le Roi de France devenoit prémier Ministre de la Monarchie d'Espagne. Mais graces au Ciel la voix de toute la terre qui crioit à l'injustice & à la trahison, a recüeilli des Puissances capables de s'opposer à ses monstrueux desseins. l'Antipathie entre les deux nations des Espagnols & des François qui est plus forte que jamais, est une preuve incontestable que l'union qu'on a pretendû faire est aussi forcée qu'injuste, puisqu'on prive les prémiers de toutes leurs prérogatives, & de tous les emplois mêmes de leur propre nation, qu'on les rend esclaves de ceux aux quels ils n'ont jamais été inferieurs en rien, soit dans les vertus civiles & morales, soit dans l'esprit, soit dans la valeur, & qui leur sont de beaucoup superieurs en plusieurs qualitéz très dignes & très estimables, outre la grandeur & l'importance de leur Monarchie, qu'il est honteux de penser seulement à la faire dependre d'une autre, quelque considerable quelle se croye elle même. La Medaille suivante à servi dans mon illumination. Elle étoit placée dans la seconde face de la Pyramide. On voyoit une victoi-

re

re aîlée qui tenoit de la main droite une couronne de lauriers, & de l'autre une pique sur laquelle il y a un trophée qu'elle éléve pour le faire voir à toute l'Europe : il y a plusieurs boücliers sur lesquels étoient les Armes de France, au tour on lit.

VIRTUTE MILITUM BELGICORUM.

Ce qui veut dire, *par la valeur des Soldats Hollandois*. Dans l'exergue on lisoit.

PUGNA AD MALPLAQUET XI. SEPT. MDCCIX.

Ce qui fait entendre, *le Combat de Malplaquet donné le 11. Septembre 1709.*

R E V E R S.

Pour revers il se voit trois couronnes murales, entrelassées avec des branches de laurier qui les unissoient ensemble, pour exprimer la triple conquête des trois villes, de *Tournay*, *de St. Guillain*, & de *Mons*, qui ont été prises dans cette Campagne; au tour on lit ces paroles,

CONCORDIA DUCUM.

Pour marquer que cette triple conquête est duë à la bonne intelligence & concordé des Généraux, dont l'un a présidé aux sieges, & l'autre à commander l'Armée d'observation, & tous deux se sont reciproquement secourûs de troupes & de toute autre provision; dans l'exergue on lit.

TORNACUM, FANUM GISL. ET MONTES HANONIÆ CAPTA MDCCIX.

Paroles qui expriment, *que les villes, de Tournay, de St. Guillain, & Mons en Haynaut ont été prises en l'an* 1709.

Au deſſus de cette Medaille, on voyoit les armes de la Province, & celles de la Ville d'*Utrecht*, unies & entrelaſſées de laurier pour marquer la gloire particuliere que ſe ſont acquiſes les troupes de cet Etat, dans la Bataille que les uns nomment de Malplaquet, les autres de Blagny, & les autres encore de Taniers, par ce qu'elles fût donnée auprés de ces trois villages, à chacun deſquels elle peut appartenir à raiſon de ſa proximité & de ſon voiſinage.   Cette gloire particuliere des Soldats & des Officiers des troupes de la Province d'*Utrecht*, eſt atteſtée par les Officiers, & beaucoup plus indubitablement par le nombre de leurs morts & de leur bleſſés: Ce qui fait voir que ſi elles ont été des plus expoſée, elles y ont encore témoigné une valeur ſans reproche. Monſieur le *Chevalier de Jant* fit autrefois battre une Medaille ſur la conquête des villes d'Hollande que fit Louïs XIV. l'an 1672., dans la quelle il repreſentoit le nom de ces villes au tour, & celui d'*Utrecht* au milieu de toutes, la plus immediatement expoſée aux rayons de ſon Soleil, & même dans ſon centre. Sa penſée étoit ſans doute de faire voir que le Roi conſideroit la Ville d'*Utrecht*, comme la principale & la plus importante de toutes les villes d'Hollande qu'il avoit conquiſes. Il ne ſe trompoit point dans le jugement avantageux qu'il faiſoit de cette Ville: une des prémieres, & des plus conſiderables de toutes les Provinces Unies. Et rien ne juſtifie mieux ſon ſentiment, que ce que les troupes de cette Ville ont faites à la journée de *Malplaquet*, où elles ont ſi bien ſoutenû les rayons avec leſquels le Roi comme un Soleil les vouloit conſumer. Ses rayons n'ont fait que les échauffer d'un nouveau courage pour le battre comme elles ont fait: & ſi la prémiere viſite que recût la Ville d'*Utrecht* l'an 1672., trouva ſes habitans un peu plus froids, qu'il n'auroit été beſoin pour recevoir le Roi de France, & ſon Armée comme ils meritoient; on peut dire que de la poudre qu'il leur jetta alors aux yeux, ils en ont formé un Phoſphore, qui n'a beſoin que de ſortir de l'eau pour embraſer, & reduire en cendres tout ce qui ſe préſentera.

Sur la troſiéme face de cette Pyramide il y avoit le Revers d'une Medaille, que j'ay frappée ſur la priſe de *Mons*; c'eſt un Hercule qui eſt debout, tenant de la main droite un Bouclier ſur lequel l'on voit les armes de cette Ville ſurmontée d'une Couronne Murale, & ap-

puyant

puyant fa main gauche fur la maſſuë , avec la Ville de *Mons* en perſpeſtive ſur
le terrein avec ces Paroles au tour.

TERNIS CASTRIS DELETIS.

Et dans l'exergue on lit. MONTES HANN. EXPUG. M. DCCIX.

Tout cela veut dire, *qu'après avoir forcé les trois retranchemens des François à la Bataille de Taniers, la Ville de Mons fut priſe.* Au deſſus de cette medaille, on voyoit les
Armes des Etats de la Province *d'Utrecht,* qui étoient environnées de deux branches de Laurier , & au-deſſus de cette medaille on voyoit l'œil de la providence , qui achemine toutes choſes à la gloire des Hauts Alliés , & qui benit leurs
efforts , parce qu'ils ſont dans l'ordre, qu'elle veut qu'ils regnent ici bas; que l'injuſtice ſoit reprimée, & les innocens qu'on dépouille ſecourus. Voici le Revers de
cette medaille qui étoit auſſi repréſenté ſur la même face de la Pyramide.

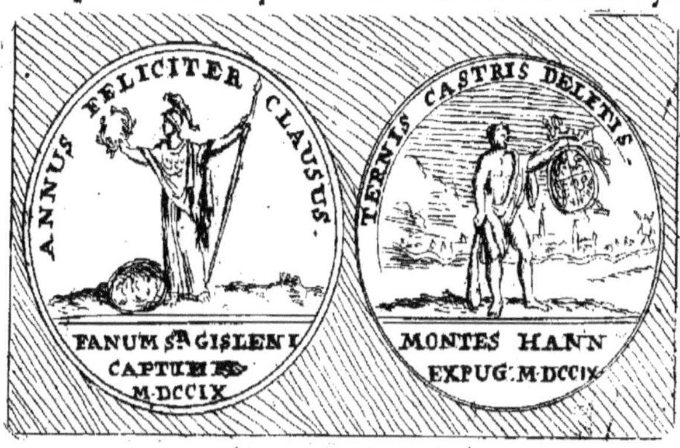

R E V E R S.

Ce Revers a été frappé pour la priſe de *Saint Guiſlain,* vous y voyés une Pallas,
qui a à ſes pieds ſon Egide, qui eſt ſon Bouclier, ſur lequel il y a la tête de Me-
duſe, & elle tient de la main droite ſa Pique, & de la gauche un Cercle formé
par un ſerpent qui mord ſa queuë, qui eſt le ſymbole de l'immortalité, & qui eſt
entrelaſſé d'une branche de Laurier, ce qui nous fait connoître la gloire que les
Alliés ont euë, d'avoir emporté la Ville de *Tournay;* & qu'enſuite ils viennent pour
cueiller d'autres Lauriers. On lit au tour.

ANNUS FELICITER CLAUSUS.

Ce qui veut dire *que l'Année eſt finie heureuſement.* Dans l'exergue on lit ces autres paroles.

FANUM Sᴛ. GISLENI CAPTUM M.DCCIX.

Ce qui nous fait entendre, *que Saint Guiſlain fut pris en 1709.*

VIRTUTIS BATAVÆ, GALLICÆ VERECUNDIÆ AD TORNACUM,
FANUM Sᴛ. GISLENI, ET MONTES HANNONIÆ MONUMENTUM
OB EXPUGNATOS, VICTOS ET FUGATOS GALLOS.

Ce qui veut dire. *Monument de la valeur des Hollandois, & de la honte des François à Tournay, à St. Guillain & à Mons, où ils ont été forcés, vaincus, & mis en fuite.* Elle étoit placée ſur la droite, & voici celle de la gauche qui eſt ſur la delivrance de la Ville *d'Utrecht,* que l'on celebre encore tous les ans pour la retraite

pré-

précipitée des François, qui abandonnérent toutes les conquêtes qu'ils avoient faites dans la furprife des Provinces Unies en l'an 1672.

OB FELICISSIMAM AB ARDORE FUGITANTIS GALLICI SOLIS, ULTRAJECTI ET PROPINQUARUM URBIUM LIBERATIONEM.

C'eft-à-dire, *pour le fouvenir de l'heureufe delivrance de la Ville d'Utrecht, & des autres villes voifines, des rayons incommodes du Soleil François mis en fuite.*

Ces deux autres Medailles ont auffi été frappées pour la prife de *Mons*; elles m'ont été envoyées par Monfr. Kornlein de *Nuremberg*: d'un côté de la Medaille eft répréfenté le Coloffe de Rhodes, qui à caufe de fon énorme grandeur tombe, & perd les rayons qui font au tour de fa tête. L'Autheur nous fait fort bien entendre par cette figure la décadence du Monarque François; car ce Coloffe étoit dédié au Soleil que le Roi Louïs XIV. a pris pour exprimer la gloire de fon Regne, & dont il avoit fait le corps de fa devife. Ce Coloffe ne fubfifta & ne dura qu'environ cinquante ans, qui eft le temps pendant lequel Louïs XIV. a regné avec d'heureux fuccès. L'Infcription qui eft au tour eft tirée du Poëte.

MOLE RUIT SUA.

Ce qui veut dire, *qu'il tombe abbatu par fa propre grandeur*, dans l'exergue on lit. MONTES HANNONIÆ GALLIA LABANTE RECUPERATI XXIII. OCT. MDCCIX.

Ce qui veut dire, *que la Ville de Mons en Haynaut a été recouvrée par la chûte de la France le 23. d'Octobre 1709.*

R E V E R S.

De l'autre côté eft répréfentée la valeur des Hauts Alliés, VIRTUS CONFOEDERATORUM fous la figure de Pallas, qui eft la protectrice des armes; elle s'appuye fur fa pique & fur un faiffeau de fléches, & de la droite elle tient les foudres de Jupiter, qu'elle lance contre un bouclier, fur lequel on voit la tête de Medufe, que lui préfente la France figurée par une femme, qui a une Couronne Royale fur fa tête, & eft couverte d'un Manteau Royal. L'Autheur a voulu par là adroitement reprocher à la France qu'elle fe couronne mal à propos du bouclier de Minerve; une grande partie de fes conquêtes étant plûtôt l'effet de la trahifon, & de la tromperie que d'une veritable valeur; c'eft pourquoi la Déeffe foudroye ce bouclier, quoi qu'apparemment il lui apparrienne, employant la valeur & la force invincible des Alliés pour le rompre,
de

de même que les chaînes qui lient une femme assise sur une colline avec une couronne murale en tête, réprésentant la Ville de *Mons* qui a été delivrée de l'esclavage dans laquelle elle étoit. La legende de cette Medaille est.

NEC CASTRA, NEC MUNIMENTA.

Ce qui fait entendre, *que ni les camps, ni les villes couvertes de fortifications qui paroissoient insurmontables, ne sont plus capables de se défendre contre les armes des Hauts Alliés,* qui en chassent vigoureusement leurs ennemis : dans l'exergue on lit.

POST-SCENIUM AUTUMNI.

Ce qui veut dire, *que c'est la suite des operations militaires de l'Automne,* ce qui a été mis pour faire allusion, ou pour servir de reponce à la Medaille dessinée par Messieurs les Academiciens de Medailles, & qui fut frappée sur la prise de cette importante forteresse, lors que Louïs XIV. l'emporta en 1692., qu'il prit par capitulation le 9. d'Avril, qui est le commencement du Printemps. La Medaille Françoise avoit cette Inscription au tour.

PRELUDIA VERIS.

Ce qui veut dire, *que c'est le prelude du Printemps,* & comme les Hauts Alliés par la force de leurs armes l'ont derechef arachée à la France au mois d'Octobre 1709. qui est un mois d'Automne, c'est pour cela que l'Autheur de cette Medaille s'est servi du mot.

POST-SCENIUM AUTUMNI.

Pour en conclure que si cette importante place fut un prelude aux François d'un Printemps heureux, elle est à présent aux Alliés une suite heureuse de l'Automne, & le fruit victorieux d'une Campagne toute glorieuse.

La suivante m'a été aussi envoyée par la même personne, elle a été frappée sur la prise de la même Ville de *Mons* ; d'un côté paroissent plusieurs montagnes, qui causent dans la plaine un grand ombrage! effet naturel de l'eloignement du Soleil qui se retire, & s'en va coucher derriere elle : on entend par les montagnes, la Ville de *Mons* appellée en latin, Montes Hannoniæ, & par le Soleil qui se couche, la Fortune Françoise qui decline, qui se va coucher, & dont la domination reste eclypsée en cette Ville. l'Inscription qui est au tour est tirée du 3. livre de l'Eneide de Virgile ; cette Inscription seroit bien venuë à point à Monsieur le *Chevalier de Jant,* si cette conquête fut arrivée à

son

son Monarque; & si les Alliés eûssent pris pour leur devise l'embléme
du Soleil comme ce Monarque l'a prise, il n'auroit pas manqué de faire
une Prophetie suivant le sens de Virgile, lorsqu'il prédit la prise de cette importante place, & la chûte du Soleil François, comme nous le
fait entendre l'Inscription qui est au tour tirée du même Poëte.

SOL RUIT INTEREA, Et MONTES UMBRANTUR.

Ce qui veut dire, *cepandant le Soleil tombe & les montagnes sont à l'om-*
bre de ses rayons. Dans l'exergue on lit ces autres paroles.

STRAGES GALL. AD MONTES HANNON.
XI. SEPT. MDCCIX.

C'est-à-dire, *la défaite des François à Mons en Haynaut* 11. *Septem-*
bre 1709.

R E V E R S.

On voit dans ce Revers le Roi de France réprésenté comme un Phe-
bus qui est dans son char, qui tache de répandre la clarté des rayons
qui sont au tour de sa tête, mais qui retrograde du Zodiaque, qui paroit devant lui: ses chevaux commencent même à culbuter, & lui même à tomber comme un second Phaëton; les signes celestes qui lui sont
tourner la tête & qui l'éblouïssent, sont ceux qui ont parû dans le dernier mois de cette heureuse Campagne; le prémier est le *Lion*, qu'on
a réprésenté ici avec un faisseau de fleches qui le tient d'une de ses serres, pour mieux exprimer les Etats Généraux des Provinces Unies,

le

Le fecond figne eft celui de la *Vierge* qui porte un Sceptre Royal, par ou on à Marqué la Reyne de la grande Bretagne. Le troifiéme eft celui de la *Balance*, c'eft-à-dire, la juftice de la caufe commune des Hauts Alliés, & cette longue guerre, puifque c'eft par cette même juftice de leur caufe, qu'ils ont remporté une glorieufe victoire dans la Bataille de *Mons*, ou ils forcerent les François dans leur camp inacceffible. Le quatriéme eft le figne du *Scorpion*, qui exprime les maux, les chagrins, & les incommodités que la longueur de cette guerre caufe aux pauvres peuples de ce Monarque. La vûë de tous ces objets, & la confideration de toutes, ces verités donne lieu de reprocher au Roi ce qui fe lit dans la legende, fçavoir.

SOLEM MENTITUR QUEM SIDERA TERRENT.

C'étoit alors qu'il fe vantoit d'être un Soleil, & de pouvoir toûjours éclater, puifqu'il eft arrivé au point de retrogader, & de voir éclypfer fes forces & fa gloire. Dans le cercle exterieur de la Medaille, on lit ces autres paroles qui font tirées de Claudian.

NIMIUM PRONO FERVORE PETITÆ, JAM PIGET HESPERIÆ.

Ce qui veut dire, *qu'on fe repent d'avoir été fi empreffé à envahir l'Efpagne*, & qu'on reconnoit par une facheufe experience, que la confiance qu'on avoit en ces propres forces, & de pouvoir tout retenir, étoit une véritable folie fondée fur une préfomtion toute pure, tous les François criant avec autant de vérité que de chagrin,

> *Nos maux ne finiront jamais*
> *Soit dans la guerre ou dans la Paix;*
> *Le deftin de l'Efpagne eft toûjours de nous nuire:*
> *Et le fiecle à venir aura peine à juger*
> *S'il nous a plus coûté de le vouloir detruire,*
> *Que de le vouloir proteger.*

La Medaille fuivante a été frappé fur le même fujet qui à réjoüi toute l'Europe hormis la France: l'on voit d'un côté le bufte de fa Majefté Imperiale, & une couronne de laurier, avec la legende ordinaire.

JOSEPHUS D. G. ROMANOR. IMPERATOR.

Ce qui veut dire, *Jofeph par la grace de Dieu Empereur des Romains.*

Ce Revers est Historié d'une espece de monument, qui consiste en un cartouche posé au lieu le plus élevé d'un trophée trois écus soutenûs par la valeur, & la force assise aux pieds de ce trophée. Dans un de ces cartouches, on voit le plan de la Ville de *Tournay*; dans le second écu on voit un *champ chargé de combattans*, & dans le troisiéme la Ville de *Mons*: ces cartouches sont entrelassés de branches de Palmes, & la valeur est dépeinte armée avec le casque en tête, & l'épée haute dans la main droite; la force est réprésentée sous la figure d'Hercule couvert de sa peau de Lion, & armé de sa Massuë. La victoire est derriere celleci, & à côté gauche du monument soulevée par ses aîles, & dans l'attitude qui lui est ordinaire sçavoir la trompette à la bouche avec laquelle elle fait retentir la gloire du triple triomphe remporté cette Campagne sur les villes de *Tournay*, de *Mons*, & de la Bataille de *Tainiers* gagnée sur les François. La legende exprime le tout par un laconisme ingenieux sçavoir.

TURRIS, CASTRA, MONTES VICTI.

Ce qui veut dire, *Tournay*, & *Mons emportés & les retranchemens forcés.* Dans l'exergue on lit ces autres mots.

VICTORIA PACIF. A. MDCCIX.

Ce qui veut dire, *la victoire qui porte la Paix* 1709. Mots, ou devise très glorieuse aux Alliés, qui ne veulent avoir vaincu que pour rendre plûtôt la Paix à l'Europe; les victoires qu'on remportera sur la France sont le seul moyen de l'obliger à consentir au repos, qu'elle ne cessera de troubler tant qu'elle sera victorieuse. Au lieu que les Alliés ne veulent la vaincre que pour la desarmer, & lui ôter ce mauvais genie qui lui a fait par son inquietude naturelle, & par son ambition toûjours inventer de nouveaux pretextes de faire la guerre, comme ce Monarque depuis quelques années tantôt sourdement, & quelque fois à découvert, a fait connoître le besoin qu'il a de la paix; si jamais il y eût lieu d'esperer qu'il y donnera une fois les mains, c'étoit assurement à la fin de cette Campagne, & ça été pour marquer cette Esperance qu'on a donné à la derniere victoire le nom de porte paix, *Pacifera*: & qui ne l'auroit crû en effet! Mais on s'y est trompé, puisque d'autres esperances plus froides que celles sur lesquels il fonda la possession de toute la Monarchie d'Espagne, lui font attendre de grandes revolutions du côté du Nord, & le flattent de voir déranger l'union de tant de Puissances Alliées qui le con-
traignent.

IOSEPHUS · D · G · ROM · IMPERATOR ·
PA: 114
TURRIS CASTRA
MONTES VICTA
TURNH
MONS
VICTORIA PACIF
A · M DCCIX ·

traignent à la Paix, & qui lui retreciffent tous les jours fon pouvoir:
tant qu'il aura quelque Raifon d'efperance, ou aura fujet de croire que
la prévention, & fi on l'ôfe dire, un aveuglement le plus deplorable qui
fut jamais, lui ferme les yeux; la miſére de fes peuples, & les plaintes
qu'ils lui font de leur état, augmenteront de plus en plus, tant qu'il
s'obftinera à vouloir faire la guerre, nulle efperance ne le pouvant flatter d'un retour de fortune, qui puiſſe remedier aux malheurs, & à l'e-
puiſement qu'il procure à fes fujets; & on ne ſçait bonnement qui eſt le
plus à plaindre, ou des peuples qui fouffrent, ou du Prince qui s'obſtine à
les faire fouffrir, fuivant un fantôme de fortune & de gloire, auquel il
facrifie tout, & que des flatteurs par leurs plumes venales, & par ces
loüanges exceſſives tachent d'accrediter pour nourrir fon orgueïl, ac-
croitre fon Ambition, & entretenir fa vanité, comme nous vous l'a-
vons fait voir dans ce petit ouvrage. Nous finirons de crainte de vous
ennuyer dans nôtre relation; mais auparavant que de finir, nous vous
donnerons une piece qu'un ami a faite fur la fin heureufe de la derniere
Campagne, à l'honneur & à la gloire de la Reyne Anne; elle m'a parû
finguliere & fi belle, que je n'ay pas voulû en priver le public; quoi que
l'Autheur en ait fait imprimer quelques exemplaïres, pour faire préfen-
ter à cette grande Reyne.

Cet Autheur eſt de la Ville de *Nuremberg*, ou il fe trouve des efprits
du prémier ordre, qui s'attachent aux fciences & aux beaux arts, &
qui font fleurir les belles lettres, en donnant dans leurs ouvrages des
marques éclatantes de leur érudition profonde.

F I N.

CHAOS VOTIVUM,

QUOD

SERENISSIMÆ ET POTENTISSIMÆ

PRINCIPI,

DOMINÆ, DOMINÆ

ANNÆ

MAGNÆ BRITANNIÆ, FRANCIÆ ET HIBERNIÆ

REGINÆ,

Inter tot mille millium applausus, sacrum esse gestit

REGIÆ MAJESTATIS SUÆ

humillimus servus

Christophorus Augustus Læmmermann , Noric.

Anno, quo

PerDoMItVs BeLLo LILIger HoſtIs Erat.

Cabbala :

DA THEMIS AC MUNDI DOMINANS VIGOR ANNA ROTUNDI.

DEMONSTRATIO.

DA		THEMIS		AC		MVNDJ		DOMJNANS		VJGOR		ANNA		ROTVNDI	
D	4	T	100	A	1	M	30	D	4	V	200	A	1	R	80
A	1	H	8	C	3	V	200	O	50	J	9	N	40	O	50
		E	5			N	40	M	30	G	7	N	40	T	100
		M	30			D	4	J	9	O	50	A	1	V	200
		I	9			J	9	N	40	R	80			N	40
		S	90					A	1					D	4
								N	40					I	9
								S	90						
Summatim	5		242		4		283		264		346		82		483

$$
\begin{array}{r}
5 \\
2\ 4\ 2 \\
4 \\
2\ 8\ 3 \\
2\ 6\ 4 \\
3\ 4\ 6 \\
8\ 2 \\
4\ 8\ 3 \\
\hline
\end{array}
$$

Ex additis hisce ... Numeris conficitur

An. 1709 nus

TheMIDI AtqVe BeLLonæ BrItannIæ SaCer.

Exegesis.

Urea nunc Mundo rursus se Secula produnt,
 Et Pax Europæ sæpe petita redit !
Nam quibus emicuit Galli, mox occidit, Undis
 Sol, Radiosque minus spargit in Orbe suos,
Ac, Debellatis cum strage pericla minatus,
Impositum reliquis jam subit ipse Jugum.
Jungere quæ Regnis sine Cæde & Sanguine Regna
 Noverat, & placidis nectere Sceptra modis;
ANNA simul didicit Gentes frenare superbas,
 Et Sociis tandem *reddere rapta* suis.
Hæc EADEM SEMPER Communia Jura tuetur;

Bello-

Bellona eſt, Themis eſt, mille Tropæa locat.
Maturate fugam Galli, concedite Laurum,
In Vos ne Cœli Pœna luenda ruat :
Sit Ludo Victus Ludovicus; fortiter Ipſum
Lux * domet Anglorum, *Gloria*, *Robur Idem* !

AtqVe Ita Vere, DeMta IpsI VbIqVe fInI, VIVat, VIgeat, Vegetet, VInCat, VaLeat,

Almum Numinis Naturæque Artificium!

* *Anagramma Illuſtriſſimi Tituli :*

DUX ET MYLORD MARLEBOROUG.

TypIs TraJeCtI DesCrIptVM.

I N D I C E

des

MEDAILLES ET DES PLANS

Contenus dans cet ouvrage.

Me-

Fin de L'indice.

www.ingramcontent.com/pod-product-compliance
Lightning Source LLC
LaVergne TN
LVHW020658200726
843508LV00002B/818